JN059961

これだけは
おさえたい

学習評価入門

鈴木秀幸

［著］

図書文化

まえがき

　20年ほど前に，イギリスのC・V・ギップス（Gipps, C. V.）による『新しい評価を求めて』（論創社，原著名"Beyond Testing"）を翻訳して出版しました。原著を読んで，1980年頃から明確になった新しい評価の考え方の全体を私自身理解することができましたので，日本の読者にも紹介したいと思ったのです。

　この本で登場した，パフォーマンス評価やオーセンティック評価（真正の評価），ポートフォリオ評価などの評価用語は，翻訳当時わが国ではほとんど使われていませんでした。現在，これらの評価用語が当たり前のように用いられるようになっていることは，翻訳者としてたいへんうれしく思っております。また同書ではメタ認知能力についても紹介していましたが，これが観点別評価の「主体的に学習に取り組む態度」の構成要素となったのも，わが国の評価の大きな進歩と感じています。

　またこの間，中教審教育課程部会の下に設置された指導要録や学習評価に関するワーキンググループの専門委員を3回にわたり務めさせていただきました。全国学力・学習状況調査の技術基盤を検討する会議で意見を述べたり，センター試験に代わる大学入学共通テストの在り方に関して意見を述べたりする機会もありました。

　これらの議論の中で常に考えてきたことは，新しい評価の考え方を用いて，わが国の児童生徒の思考力や判断力を育成するために適切と思われる評価の仕組みをいかにして構築するかということです。最も必要なのは，わが国でもスタンダード準拠評価の考え方を普及させることであると考えています。そのため2013年に『スタンダード準拠評価』（図書文化）を出版しました。スタンダード準拠評価については本書でも紹介しておりますが，詳細についてはそちらをお読みいただければと思います。

　本書は，直接には教育誌『指導と評価』に2019年から2021年まで連載した

「これだけは押さえたい学習評価」と「ここまでは押さえたい学習評価」の２つの連載をもとにして書かれています。これらの連載の目的は，新しい評価の考え方からみて，現在のわが国の指導要録を中心とした学習評価のどこに課題があるかを議論することにありました。その点は本書でも同様ですが，本書では課題を理解するために必要な評価の基本的な考え方について，連載よりも詳しく説明しています。学習評価の基礎基本を理解するための入門書でありながら，学習評価の現代的な課題の本質を理解するために，必要不可欠な知識を得られるものになるように意図して執筆しました。

　現代の教育評価はビネーによる知能テストから始まり，そこで用いられた評価方法や結果の解釈方法などが，知能テストを超えて各方面に広がり，学習評価にも用いられるようになることで発展してきました。このような使用の広がりに応じて，能力を分析的に考えるようになり，わが国でも採用されるようになった目標準拠評価が登場することとなりました。さらに，思考力等の育成が重要な目標になり，新学習指導要領で「深い学び」の実現が求められていることを受けて，従来のテストを中心とした評価方法だけでなく，パフォーマンス評価なども併用する必要が出てきました。

　このような歴史の流れをまとめれば，教育目標の広がりとともに，評価も多様化，多角化が必要になってきたと言うことができるでしょう。本書を通じてこのような変化の流れをたどりながら，これに対応する学習評価はどうあるべきかを理解するための基本的な知識を，読者の皆さんが得られることを願っております。

　令和３年10月

鈴木秀幸

3

第2部 わが国の学習評価の課題と改善策

第1部

新しい学習評価の考え方

第1章 「学習の進歩」と「学習観」

① 「ブロック積み学習観」と「構成主義の学習観」

　幼稚園から大学まで，どの学校段階であろうと教師の目指すものは，学習の進歩に違いありません。もちろん学習の進歩以外にも，倫理的な成長なども目標となっていますが，この本は学習の進歩と評価の関係について述べていこうとするものです。そこでまず考えておかなければならないのは，そもそも学習の進歩とは何かということです。何を学習の進歩と考えるかによって，評価の在り方も変わってきます。さらに，何を学習の進歩と考えるかの背景には，学習観の違いがあります。これについてもここで考えておきたいと思います。

　学習の進歩として，小学校段階なら漢字が書けるようになった，掛け算の九九が言えるようになった，県の名前とその位置を言えるようになったなどがすぐに思い浮かびます。漢字の学習は，1年生で学習すべき漢字を憶えたら，次は2年生の漢字，さらに3年生の漢字というふうに憶えていきます。そのために繰り返し漢字の書き取り練習をします。掛け算の九九も繰り返し口で言ってみて憶えていきます。最初は2の段，それが言えたら3の段というふうに累積的に憶えるものを増やしていきます。県の名前とその位置も似たような学習となります。

　このように，漢字等の学習ではすでに学習し習得したものに加えて，新し

い漢字等を学習して増やしていくことを学習の進歩と考えています。要するに，古いものに新しいものが付け加わって，量的に増えていくことを学習の進歩と考えています。このように，知識等が累積していくことを学習の進歩と考える学習観を「ブロック積み学習観」と言います。

ここまで述べてきたことに加えて，「ブロック積み学習観」によると，複雑な課題や高度な技能は，これらを構成要素に分解して，各構成要素を学習できると考えます。例えば，サッカーの練習では，キックの仕方，トラップ，シュートなどサッカーの技術を構成するいろいろな構成要素ごとに練習します。「ブロック積み学習観」では，このような練習をすることによりサッカーの試合で上手くプレーできるようになると考えます。

しかし，これらの各技術を習得するだけでは，実際の試合でうまくプレーできるわけではありません。実際の試合では，状況に応じて適切にこれらの技術を使ったり，相手の動きに対応した動きが必要だったりします。個別の技術の練習だけでなく，実際の試合でこれらの技術を場面に応じて適切に使う練習が必要です。

すべての学習が「ブロック積み学習観」に基づく方法で学習できるわけではありません。例えば次のような例があります。高校生に「春夏秋冬のような四季の変化はなぜ起こるのか」と質問したことがあります。すると「夏は地球が太陽に近づき，冬は遠ざかるから」という誤った答えが多くの生徒から返ってきます。しかし，これらの生徒は中学校でこれに関して科学的な説明を学習して，いったんはテスト等で正しく解答できていたはずなのです。つまり「地球の自転軸が太陽を回る公転面に対して傾いていることにより，単位面積当たりの太陽から受ける熱量が変化するため，季節の変化が生じる」と学習したはずなのです。

太陽と地球の距離で説明してしまうのは，日常経験でストーブに近づくと熱くなり，離れると寒くなるという経験をしているからです。つまり，中学校で科学的な説明を受け入れても，時間がたつと科学的な説明は忘れて，元の日常生活の経験による説明に戻ってしまうのです。これは，新しい学習事項を既存の知識等に付け加えるだけの「ブロック積み」学習観に基づく学習で生じる問題です。

　日常生活の経験による説明では，季節の変化は説明できないと明確に意識し，自分の思考の枠組みを転換する必要があります。学習とは既存の知識等を，新しく学習した知識等で組み替えていくことであるとする学習観を「構成主義（constructivism）の学習観」と言います。構成主義の学習観では，学習は既存の知識等と新しく学習した知識等を比較検討して，矛盾があれば既存の知識等を修正したり，新しいものと交換したりしていく営みと考えます。この構成主義の学習観にたてば，学習の進歩は学習者が持っている知識等の構造が，単純なものから高度に洗練されたものへ，一部にだけ適用可能なものから広い範囲に適用可能なものへ変化していくことと考えます。先に述べたような日常生活の経験からの誤った説明に戻らないようにする必要があるだけでなく，学習が進むにつれてより広い範囲の現象に適用できる説明を受け入れていくことを必要とします。

　例えば，酸化と還元については，中学では酸素原子の受け取り（酸化）と放出（還元）で説明しますが，高校になると電子の受け取り（還元）や放出（酸化），酸化数で考えることになります。酸素原子の受け取りと放出は酸化還元反応の一部にすぎません。このように一部の現象を説明するものから，より広い範囲の現象を説明できる考え方に転換していくことが必要な場合もあるのです。しかし，「ブロック積み学習観」ではこのような学習の進歩を捉えることはできないのです。

ブロック積み学習観

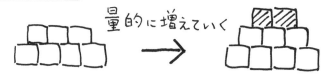

量的に増えていく

構成主義の学習観

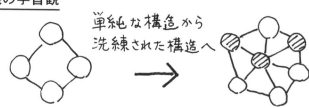

単純な構造から
洗練された構造へ

② 社会的構成主義の学習観

　構成主義の学習観は，スイスのピアジェ（Piaget, J.）によるものです。ピアジェは知識等の組み換えは学習者個人の内部で行われる個人的な営みであると考えました。これに対して，ソ連のヴィゴツキー（Vygotsky, L. S.）は，知識等の組み換えは社会的な文脈により行われるものと考えました。言い換えれば，他者との対話や相互交流により生じるものであると考えたのです。

　ヴィゴツキーは「発達の最近接領域」（ZPD：zone of proximal development）を提唱したことで著名な心理学者です。「発達の最近接領域」とは，学習者が自分だけで課題を実行した場合と，該当の学習分野に習熟した者からの支援を受けた場合に到達できる水準の差異を示すものです。習熟した者が学習者に与える支援を「足場組」（scaffolding）と言います。学習者は，受け取る支援の内容を少しずつ自分自身でもできるようになり，そのため支援は学習者が発達するにつれて減らされていきます。

　ヴィゴツキーは，指導者の支援を受けるためには指導者とのコミュニケーション，言い換えれば対話が重要であるとしました。そのためヴィゴツキーの場合は，社会的な文脈の中身は，指導者との対話ということになります。しかし現在の社会的構成主義では，指導者との対話だけでなく，仲間の学習者との対話により自分の考え方を修正したり発展させたりすることも必要であると考えています。いずれにせよ，社会的構成主義の学習観では，対話が学習の進歩に重要な役割を果たすと考えるのです。

③ 学習観によって評価が変わる

　どのような学習観を前提にするかにより，評価に用いる手段も変わってきます。前記の漢字の学習（典型的な「ブロック積み学習観」による）であれば，評価は漢字のペーパーテストで行われるのが普通です。漢字の問題が何題できたかで，学習状況を判断します。間違いが多ければ書き取り練習をも

う一度繰り返すことになります。この場合は正確に書けた数，すなわち習得
できた量が問題となります。掛け算の九九も，県名も同様です。

　習得した量が問題となる場合には，掛け算の九九（口頭で九九を唱えるの
を教師が聞くことによるのが普通）以外は，たくさんの問題から構成される
ペーパーテストを用いて，習得した量を評価することになります。小学校だ
けでなく，中学校や高校のペーパーテストも，たくさんの問題を解かせて，
正解した数を点数化して，量的に評価するのが普通です。私も高校教員の頃，
100問出題して，採点に苦労しましたが，よく頑張って出題したと満足して
いました。

　これに対して，構成主義の学習観を前提にした場合は，「ブロック積み学
習観」の場合とは違ってきます。構成主義の場合は，先の「四季の変化の理
由」で示したように，どのような説明をするかが問題となります。このよう
な場合，先の100題出題するようなペーパーテストでは不適切ということは
明白でしょう。通常は，生徒に口頭で質問して説明させたり，ペーパーテス
トでも説明を記述させたりすることが必要です。要するにこの場合は，どの
ような考え方をしているか，考え方の内容を評価することが必要となります。

　さらに社会的構成主義を提唱したヴィゴツキーの足場組の考え方を応用し
たのが，教師が支援を与えながら評価する「足場組評価」（scaffolded
assessment）です。テストの場面で教師が生徒に支援を与えることはあり
ませんし，下手をすればそれは不正行為の一種であると見られることにもな
ります。しかし，足場組評価では教師が支援を与えることを必要と考えるの
です。足場組評価の考え方は，一定の意味ある目標に向かって生徒が努力す
ることを重視します。目標を達成するのに生徒が十分な知識や技能がない場
合は，足らないところを教師が補ってこの目標を達成するように支援，つま
り足場組をします。どの程度の支援を必要とするかによって，生徒のその時
点での知識や技能の水準がわかるということです。達成する目標が生徒にと
っても意味のある有意義な目標であれば，生徒はできる限り努力をします。
その点では生徒がモチベーションを高めた時，どこまで達成できるかを評価
しようとするものです。

　例えば，私は以前ステンドグラス制作の講座を受講したことがあります。

受講した初期の頃は，材料の色ガラスをまっすぐにしかカットできませんでした。曲線部分のカットはできないので，講座の講師がその部分だけはカットして，材料の加工を支援してくれました。要するにその時の私の技能の程度は直線カットのレベルだったわけです。そののち，講師の曲線部分のカットの仕方を何回か見ているうちに，自分でもできるようになりました。こうなると私は材料のカットの技術全般を習得するまでに進歩したことになります。足場組評価では，最初のうちは教師が生徒を支援しますが，支援を繰り返すうちに生徒自身がその支援された部分を自分でもできるようになると考えています。

このような足場組評価では，教師は生徒の学習を一歩離れて客観的に見るのではなく，協働して学習に取り組みながら，生徒のその時点での学習のレベルを把握できると考えるわけです。これはテストに対する考え方とはまったく異なった考え方に立つ評価となります。

④「浅い学び」と「深い学び」

「浅い学び」の問題は，平成29（2017）年の学習指導要領の検討過程で提起された問題です。直接には平成28（2016）年12月21日の中央教育審議会による答申「幼稚園，小学校，中学校，高等学校及び特別支援学校の学習指導要領等の改善及び必要な方策等について」で述べられている「主体的・対話的で深い学び」を実現しようという目標の提唱です。答申では「深い学び」としか言及されていませんが，「深い学び」の対極にある「浅い学び」を踏まえて述べられていることは明らかです。「浅い学び」にならないように，「深い学び」を目指そうということです。もちろんこれはわが国に限ったことではなくて，どこの国でも同じようなことですが，わが国ではこの答申で初めて2つが実質的に対比されることとなりました。

「浅い学び」とは，学習したことについて表面的にはわかったように見えますが，実際にはそれを成り立たせている根本原理や考え方を理解していない状態を言います。例えば，算数で言えば計算はできますが，その計算を成り立たせている根本的な考え方をわかっていないことです。

　高校生に次のような問題を出してみたことがあります。

　「消費税８％を含んだ値段が918円の商品の，消費税を含まない元の値段はいくらですか」

　大変簡単な問題なので，当然918÷1.08で計算して850円と解答すると思っていたのですが，多くの生徒が918×0.08と計算してまず消費税の金額を出して，次に918－消費税額で答えを出そうとしているのです。しかし，最初の計算で小数点以下が出てくるのでどうしていいかわからなくなっているのです。元の値段を１とすれば，消費税込みの値段は1.08になるので，918÷1.08とすれば元の１の値段が出るのですが，わかっていません。８％と聞いて，消費税込みの値段の８％が消費税の金額だと思っているのです。

　元の値段に1.08を掛ければ消費税込みの値段が出ることはわかっているようなのです。割り算の意味がわかっていないと推定されます。どの生徒も小学校で割り算の計算はできたと間違いなく推定できる生徒たちだったので，大変驚きました。割り算の計算はできたが，その意味はわかっていなかったと思われます。

　計算はできるのにその意味がわかっていなかったり，公式は知っており，公式に数値を入れて計算はできるのに，その公式を成り立たせている意味や，そのような公式を用いるべき場合と，用いてはならない場合を区別できなかったりする場合，これを「浅い学び」と言います。このような「浅い学び」では，学習した直後はできても，時間がたつと忘れてしまうのが特徴です。

　これに対して「深い学び」の特徴は，学習したことの根本的な意味や，それを成り立たせている基本原理まで理解しており，それを用いてよい場合と，用いてはならない場合まで区別できることです。先の計算では1.08で割ればよいことがわかる場合と，何でも0.08を掛けてしまう場合の違いです。「深い学び」で学習したことは，「浅い学び」に比べて，時間がたっても記憶に長く残っています。

　「浅い学び」や「深い学び」は学習指導の内容だけでなく，評価の在り方にも影響します。普通は「学習から評価」を考えますが，「評価から学習」を考えることも必要です。

⑤ 評価から学習へ

　ここまでは学習観がどのような評価方法を採用するかに影響することを述べてきましたが，それとは逆に，評価の在り方が生徒の学習観や教師の指導方法に影響することを「ウォッシュバック効果」（washback effect）と言います。

　このウォッシュバック効果のうち，評価の在り方が生徒の学習観に与える影響を中心に考えてみたいと思います。これに関して，高校の教員であった頃に，評価に関して忘れられないことが2つあります。

　1つめはイギリスの中等学校に1か月ほど滞在して授業を見学していた時，フィールドワークに基づくレポートを生徒に課していたのを参考にして，日本の高校でもフィールドワークによるレポートを生徒に提出するように求めた時です。ある生徒が「レポートは返却されますか」と質問してきました。変な質問なので，質問の意味を詳しく聞いてみますと，中学生の頃，レポートを提出したが返却されず，生徒のレポートは先生の机の上に山積みにされたまま最終的には消えてしまったとのこと。さらに聞いてみると，そもそも採点されているのか，また成績に反映しているのか疑問を持っているが，言いにくいので「返却されるか」と間接的に聞いてきたのでした。成績に反映されないならば，このレポートに力を入れる気にならないと言いたかったようです。

　2つめは，1学期の期末テストを返却した後，ある生徒が述べた感想（不満？）です。「先生の授業は面白く役に立つと思ったが，テストには出ない」というものでした。その生徒と卒業後たまたま町で出会ったときにも同様のことを言われたことが忘れられません。その高校では，同一の学年で同じ科目を指導している教師が複数いる場合は，共通問題で実施することとなっていました。定期テストごとに学年順位を出すために，統一テストを実施していたのです。そのため，私が授業で強調したことが必ずしもテストに出題されるとは限らなかったのです。

　私の思い出は，評価が生徒の学習観に与える影響の事例と言えます。現在

では4つの種類の影響があると考えられています。

①評価は生徒の学習意欲を高める

これはテスト等でよい成績をあげれば，生徒の学習意欲が高まることを言います。ただし，悪い成績をとれば，逆に学習意欲が低下することもあることを忘れてはなりません。またよい結果は，生徒に自信を与えます。もちろん悪い結果は自信を失わせることにもなります。この点では評価は諸刃の剣と言ったほうがよいでしょう。

②評価されることを生徒は学習すべきことと考える

テスト等で評価される事柄を，生徒は学習すべき重要なことと考えます。逆に教師が重要だといくら強調しても，テスト等で評価されないことは，生徒からは重要だとは見られないのです。先に述べた私の思い出は，この点にかかわることです。成績に反映されないレポートや，テストに出ない学習内容は，生徒から見ればそれらの学習に力を入れる気にはならないということです。この点は教師の学習指導に関しても同様なことが言えます。教師の場合は，入試等の生徒の将来に影響したり，学校や自分自身の評判に影響したりする評価が行われる場合，これらの評価に出題される問題等に合わせた学習指導をせざるを得ないのです。逆に，出題されないような学習事項がいくら重要であると考えても，これらの指導に時間を割くことを躊躇することになります。高校教師としての私の経験でも，多肢選択式のセンター試験が大学入試の合否に大きく影響する以上，これに合わせた学習指導をせざるを得ませんでした。

③評価はどのような学習スタイルを生徒が選択するかに影響する

生徒は評価に用いられるテスト等の問題に対応した学習スタイルを選択します。私自身の経験として，多肢選択式のセンター試験等が長年続いたため，高校生はこの問題形式に適合した学習スタイルをとるようになってしまいました（もちろん先に述べたように教師の指導内容も同様です）。

具体的に言うと，記述するような問題を嫌がるようになります。せいぜい用語を書かせる程度の問題にとどめてほしいとの要望を聞いたこともあります。こうなると教師のほうも次第に多肢選択式の問題に合わせた授業となってしまうのです。最も典型的な例は国語です。多肢選択式である限り「書く

こと」は求められていないため，高校では「書くこと」の指導はほとんど行われなくなってしまったのです。

④評価によって効果的な学習方法は何かを知る

　生徒はよい結果が出たと思われる学習方法を効果的な学習方法であると考え，その学習方法を継続して使おうとします。逆にうまくいかなかった場合は，学習方法を変えようとします。例えば，一問一答方式の問題集をやって定期テストを受けよい結果が出ると，定期テストにはこの問題集で練習して対応するようになります。

　以上のような評価が生徒の学習観に与える影響を考慮して，教師は自分が育成したいと考える能力や技能に適合した評価方法を選択する必要があります。私の思い出の最初の例で言えば，この生徒の言葉を受けて，レポートを課す場合には，評価の観点と，各観点の評価基準と配点を示したうえで，生徒のレポートを評価して返却するようにしたところ，生徒は本気になって課題に取り組むようになりました。2つめの事例は学校の体制を変えることはできなかったので，今でも苦い思い出です。

第2章 何を評価するか

① 知能テストのはじまり

　評価において当然考えなければならないことは，「何を評価するか」です。「何を評価するか」は，その評価結果の示し方や解釈の在り方，さらに評価の目的と相互に関連があります。ここではこの関係についても言及しながら考えていきたいと思います。

　中国の科挙や，中世の徒弟制度における職人の技能評価の例はあるものの，現在のわれわれが評価の方法として主として用いるテストの出発点は，直接には20世紀初めにフランスのビネー（Binet, A.）が開発した知能テストです。

　この知能テストの特徴は，短い問題をたくさん用いることにありました。そしてこの知能テストは，学校教育を受ける人数が増加していた中で，特別の教育課程で指導したほうがよいと思われる子供を見つけるスクリーニング手段として適していると考えられました。

　ビネーの知能テストは，アメリカ・スタンフォード大学のターマン（Terman, L.）により，1916年にスタンフォード－ビネー知能テストとして改訂され，その後の知能テストのひな型となりました。この知能テストを用いて知能を調べることを「測定」（measurement）[1]と言っていました。

　スタンフォード－ビネー知能テストでは，特別の教育課程で処遇すべき基

準は IQ70 とされました。この基準を最初に決めたのは，1913年ロンドン市の心理学者として就任したバート（Burt, C.）で，これ以降この基準は継続的に使用されることとなります。バートによれば，ロンドン市で当時用意できた特別の教育課程の収容人数が子供の数の1.5％であり，それはちょうどIQ70以下の子供の人数と同じだったので，IQ70を区分する基準としたというのです。

　この知能テストで用いられた評価方法は，20世紀が進むにつれて，社会の変化や評価理論の発展とともに，少しずつ変化してきました。その変化の内容は主として3つあります。1つめは評価の対象が知能に限らなくなってきたことです。2つめはテスト問題や評価に用いる課題が変化してきたことです。3つめは評価の結果の示し方や結果の解釈の方法が変わってきたことです。

② 知能テストの拡大利用

利用目的と対象の拡大

　知能テストのひな型を作ったスタンフォード大学のターマンらは，この知能テストを単に特別の教育課程での学習に適する子供を見つけるだけでなく，その他の普通の人々にも用いることを考えました。知能テストはもともと1対1の場面で用いることを前提に考えられたものでしたので，多人数の実施には向きませんでした。そこで多肢選択式が考案されることとなりました。

　この多肢選択式の知能テストが，第1次世界大戦に参戦したアメリカ軍により，大量に徴兵された新兵に実施され，結果に応じて配属部を決める参考にされました。175万人がこの知能テストを受け，多くのデータが集まりました。これを契機として，知能テストの目的が特別の教育課程で学習させるべき子供の発見から，普通の人々の選抜等にも用いられるようになりました。これは知能テストの利用目的の拡大です。

問題形式の拡大使用

　さらに知能テストで開発された方法，たくさんの問題を出題してその正解

数で評価（測定）するテストは，知能テスト以外にも応用されるようになりました。現在の学校で用いられているテストは，知能を測定しているわけではありませんが，多数の短い問題から構成されている点は知能テストの出題形式を踏襲していると言えます（もちろん長い文章を書かなければならない記述式のテストは知能テストを踏襲しているわけではありません）。

　しかし，知能テストで開発された問題形式が知能の測定以外にも用いられるようになると，「何を評価するか」という点は，知能テストのようには明確ではなくなってしまい，漠然と「能力」を評価している程度に考えられていました。

結果の解釈

　また，知能テストの結果の解釈は，知能テストを大規模な集団に実施した場合に得られるであろうと推定される得点の分布（ベル・カーブ，正規分布曲線）のどの位置にあるかで示されました（得点分布の推定は，大規模な集団の特徴を反映すると思われるサンプルで行われ，得られた得点分布はノルムと言われます）。つまり，知能テストとその結果の解釈はノルム準拠で行われたのです。知能を測っているのではないテストの場合でも，テスト結果の解釈をノルム準拠により行うことが普通となりました。このようなテストを「ノルム準拠テスト」（norm referenced test）と言います[2]。

　通常のテストで何を測定しているか，または評価しているかに関しては，ノルム準拠テストとして行っている場合は，それほど問題とはなりませんでした。テストの主な目的が集団内での個人の位置づけや順位を調べることにあったためです。確かに何かを測定したり評価したりはしていますが，知能とは限らない何らかの個人の能力を測定しているという程度に考えられていました。わが国でも長い間，順位や偏差値等で評価の結果を解釈している間は，漠然と能力を評価している程度に考えていたのです。確かに観点別評価も行われていましたが，評定が「絶対評価を加味した相対評価」と曖昧なままだった間は，実態としては相対評価でしたので，まだ能力という漠然としたものを評価していると考える傾向がありました[3]。ところが平成13（2001）年の指導要録の改訂により，観点別評価だけでなく，評定も後で述

べる目標準拠評価（いわゆる絶対評価）⁽⁴⁾になってからは，能力というような漠然としたものを評価しているとは考えにくくなってきました。ただし，小中学校では指導要録に観点別評価を記入しなければならなかったので，能力を分析的に考えることも行われていました。

わが国の状況はさておいて，世界全体でみると，この漠然とした考え方を転換するきっかけとなったのがブルームの提案です。

③ ブルームの提案──教育目標の分類学

「何を評価するか」について，能力というような漠然としたものではなく，新しい考え方を明示したのがブルーム（Bloom, B. S.）です。ブルームは『教育目標の分類学（Taxonomy of Educational Objectives）』（1956）により，認知的な領域に関して6つの目標を示しました。この6つの目標を評価すべき対象としたのです。6つの目標とは，知識（knowledge），理解（comprehension），応用（application），分析（analysis），総合（synthesis），評価（evaluation）でした。

この提案は，それまで知能とか，漠然と能力などと考えられていたものを，認知的な領域に関して6つの能力に分解してその構成要素を提示するものでした。6つの目標に対しては，それぞれを評価する問題例も示して，分析的に評価できるとしました。さらに，6つの目標は習得が難しい順に，知識を最下位とし，評価を最上位とする階層構造を持つとしました。つまり，知識の目標が十分に達成されてから理解の目標が達成できるというふうに，下位の目標が達成されてからでないと上位の目標は達成できないと考えられたのです。

しかしながら，その後の研究でこの階層構造は否定されることになりました。例えば，理解の問題が評価の問題よりも難しいこともあるということがわかってきたからです。さらに，6つの目標を個別に評価することは難しいこと（例えば応用の問題のつもりで出題しても，生徒は知識として知っていることもあるので，応用の問題とならないこともある）もわかってきたのです。能力を6つに分けて分析的に考えることはできますが，評価する場合に

は，知識を一方の極として，総合と評価を他方の極とする2つを区分して評価できる程度がせいぜいということがわかってきました[5]。総合と評価を極とする能力を欧米では「高次の技能」（higher order skills）と呼んでいます。現在では認知的な能力に関して，知識と高次の技能の2つに区分して評価するのが一般的になっています。これはブルームの分類の修正版と言えます。この高次の技能は，わが国の観点では「思考・判断・表現」の意味内容にほぼ相当します。

　ブルームの提案は，知能とか，能力などと漠然と呼ばれていたものを分析的に考えるきっかけとなりました。これをさらに進めたのが，グレイサー（Glaser, R.）による「クライテリオン準拠測定」（criterion referenced measurement）の提案です。

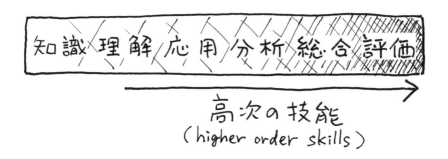

④ クライテリオン準拠テストの登場

　グレイサーは，1963年に「クライテリオン準拠テスト」の提案をしました[6]。知能テストで用いられていたノルム準拠による結果の解釈方法ではなく，一定の評価基準（criterion）と照らし合わせて，その基準を達成したかを判断して示す方法を，クライテリオン準拠テストとして提案しました。ノルム準拠テストでは，他の生徒の出来具合によって偏差値や順位が変動しますが，クライテリオン準拠テストでは，他の生徒の結果とは関係なく結果を示すこととなります。また，集団内での位置づけや順位を示すノルム準拠

テストと異なり，クライテリオン準拠テストでは，評価基準を達成したことが，評価基準の示す能力や技能を習得したことを意味します。そうなれば，評価基準により能力や技能の内容を示さなければならなくなります。

　テスト結果を用いて個人の集団内での位置づけや順位決定に用いることが主たる目的であるうちは，「何を評価するか」という問題はブルームの提案があったとはいえ，主要な関心事ではありませんでした。漠然と「能力」と考えていればよかったのです。しかし，グレイサーによるクライテリオン準拠テストの提案によって，「何を評価するか」をもっと具体的に考えなければならないこととなりました。そこで問題となるのが評価基準（クライテリオン）の内容をどう決めるかということになります。つまり，評価基準の中身を示すことで，漠然と「能力」と考えていたものの中身をもっと詳しく示さなければならなくなりました。ただし，グレイサーは評価基準の中身がどうあるべきかについて議論しませんでした。

⑤ ドメイン（domain）の登場

　先に示した通り，漠然とした「能力」ではなく，これを分析的に考えたブルームの考え方は，評価基準の中身を考えるうえでも参考になるはずでした。最初に評価基準の内容を示す課題に取り組んだのがポファム（Popham，W. J.）でした。

　ポファムは，評価基準の意味を明確にするために「ドメイン」（domain）の概念を持ち込みました[7]。ドメインとは評価の対象とする範囲のことです。評価対象の範囲は他の評価対象の範囲と区分できるように，その境界が明確になっている必要があるとしました。

　このような明確に定義されたドメイン内で，考えられるすべてのテスト問題の中から，サンプリングの方法でいくつかのテスト問題を抽出してテストを作成します。このテストで一定の問題数に正解した場合（カット・スコアまたはカッティング・ポイントという），そのドメインについての学習内容を習得したと判断するべきであるとして，このようなテストを「ドメイン準拠テスト」と呼びました（1980年代にテスト以外の評価方法が登場すると，

「ドメイン準拠評価」とも呼ばれるようになりました）。

　こうして「何を評価するか」の課題にドメインの概念が持ち込まれることとなりました。しかしポファムの言う明確なドメインという考えが今度は問題となりました。すべての学習について明確なドメイン（つまり何を評価するかに関する明確な範囲）を設定しなければならないとすると，テストしたり評価したりできる領域が極めて限定されることとなるのです。

　例えば次のようなドメインの設定例が考えられます。

①日本の歴史

②日本の歴史についての知識

③江戸時代の主な出来事についての知識

④歴史的思考

これらの例のなかで①はあまりにも対象が広すぎて，テストや評価する明確な範囲を設定することは不可能です。②は①に知識という限定が加えられてはいますが，それでも広すぎて明確な範囲を設定することは難しいでしょう。③ならば，江戸時代という限定，主な出来事という限定があり，明確な範囲を設定できるでしょう。④の歴史的思考は，科学的な思考などと同様に，学習指導要領等に学習の目標として示されているものですが，明確な範囲を設定できるものではありません。

　③のような設定の仕方は，実際にわが国の学校でのテスト等で，試験範囲などという形で示されているものと考えられます。例えば，期末テストの範囲は教科書の何ページから何ページまでというように試験範囲を示すことがよくあります。試験は教科書の指定された範囲に書かれていることを対象とすることになり，明確な範囲を示しています。ときおりうっかりこの範囲を超えて問題を出したりすると，生徒の怨嗟の声を聴くことになります。

　結局，ドメイン準拠評価が適合するのは，多くの問題を出題して，その正解数で判断できるような評価対象ということになります。④のような歴史的思考や，科学的な思考，さらに国語の論理的な文章を書く能力などを育成し評価しなければならなくなると，ドメイン準拠テストやドメイン準拠評価では対応できないこととなるのです。これらはたくさんの問題を出題して，その正解数で評価できるものではないからです。

このように明確なドメインを設定できるのは、ブルームの分類で言えば、主として知識に相当する部分であると考えられます。明確なドメインを設定できない場合にどうするかが次の問題となります。ブルームの分類の修正版で言えば、高次の技能に相当する部分については、ドメイン準拠評価では上手く評価できないのです。わが国の「思考・判断・表現」の観点の評価は、ドメイン準拠評価には適さない観点となります。

⑥ スタンダード準拠評価——ドメインが設定できない場合

歴史的思考や科学的な思考などは、ブルームの分類の修正版では、高次の技能と言われる能力に相当します。高次の技能については、明確なドメインを設定できない場合が多いのですが、これに対処する方法を提案したのがオーストラリアのサドラー（Sadler, R.）です[8]。サドラーが提案した評価方法を「スタンダード準拠評価」と言います（サドラーの場合は、テストを用いることを想定したものではないため、スタンダード準拠テストとは言いません）。

ドメイン準拠テストを提案したポファムの場合は、多くの問題を出題して正解数により習得状況を判断することとなり、これは量的な評価となります。これに対して、歴史的思考や科学的な思考のような場合は、量的な評価はできないのです。歴史的な思考は、優れた歴史的思考から幼稚な歴史的思考までのいくつかのレベルの違いを質的に判断して評価せざるを得ないのです。科学的な思考も同様で、高次の技能の多くはこのようなレベルの違いを判断することとなります。

スタンダード準拠評価の場合は、このレベルの違いを各レベルの特徴を示した言語表現による評価基準と、各レベルの評価基準に当てはまる生徒の作品（レポート、エッセイ、製作物などであり、これを「評価事例集」と言う）を示して、評価基準の理解を図ろうとするのです。評価基準と評価事例集を組み合わせることが、スタンダード準拠評価の特徴となります。高次の技能が教育の重要な目標となるのにしたがって、知識等のテストや評価に適したドメイン準拠評価から、スタンダード準拠評価へ発展してきたと言えま

す。

　こうして，ドメイン準拠評価に加えて，スタンダード準拠評価が登場したことにより，ブルームの提案した能力の分類の修正版のすべてについて，適切に評価できる方法が出てきたことになります。

⑦ OECD の考え方──リテラシーとコンピテンシー

　OECD（経済協力開発機構）は「何を評価するか」に関して，２つの提案をしています。

　１つめは「リテラシー」（literacy）です。もともとリテラシーとは読み書きの能力を意味する言葉です。しかし OECD は PISA 調査を実施するにあたり，新しい能力概念を示す言葉としてリテラシーを用いました。PISA 調査は，義務教育終了段階の15歳の時点で，生徒が社会生活を送るのに必要な能力や技能を身に付けているかを測定しようとしたものです。リテラシーという用語を用いたのは，社会生活で必要な能力や技能という特徴を強調するためです。これを従来通り能力や技能としてしまうと，違いがわからなくなるためです。また，各国のカリキュラムは異なるため，学校教育で育成すべき能力や技能は必ずしも同じではありません。国際調査はこの違いのために難しいものとならざるを得ないのです。そこで，各国のカリキュラムとは関係なく，社会生活を送るために必要な能力や技能という評価目標を設定して，国際調査をしようと考えました。そのため，各国のカリキュラムで育成される能力や技能とは別であることを示すために，リテラシーという用語を用いることとなったのです。

　PISA では，リテラシーを評価するためにペーパーテストを用いていますが，社会生活に実際に活用できる能力を評価するために，問題の内容に工夫を凝らしています。

　さらに OECD の「DeSeCo」報告で注目され，わが国の新学習指導要領の検討過程でもしばしば登場した「コンピテンシー」（キー・コンピテンシー）[9]も「何を評価するか」に関しての新しい提案でした。コンピテンシーの特徴は，学校教育で習得した能力や技能を現実生活で活用できることを求

めている点です。PISA は2000年から実施されていますが，コンピテンシーに関する DeSeCo の事業計画の概要は2005年ですから，リテラシーの方が先になります。

キー・コンピテンシーは次の３つのカテゴリーから構成されます。

①社会・文化的，技術的ツールを相互作用的に活用する能力

②多様な社会グループにおける人間関係形成能力

③自律的に行動する能力

リテラシーはカテゴリー①の中の「言語，シンボル，テキスト，知識，情報を相互作用的に用いる能力」について，これを評価しようとするものと位置づけられています。

リテラシーとコンピテンシーに共通する考え方は，能力や技能を実生活に活用することを強調した概念である点です。その点では実行能力を強調する点が，能力や技能という概念と異なる点です。

⑧ 情意的な側面をどう評価するか

わが国では，「関心・意欲・態度」の評価が，他の観点と合わせて評定を導くために用いられてきました。しかし世界全体で見ると，研究レベルは別にして，普通の学校でこの側面を A，B，C のように段階分けして評価しているのはわが国だけです。

評定が入試等の選抜の資料として用いられていることから考えれば，この観点の評価はハイ・ステイクス[10]なものとならざるを得ません。評価の結果がハイ・ステイクスなものとなる場合は，後の章で述べる信頼性や妥当性を高くする必要がありますが，「関心・意欲・態度」の観点について信頼性や妥当性を高める方策は今のところ見つかっていません。

「関心・意欲・態度」に代わって新しい観点「主体的に学習に取り組む態度」が平成31（2019）年の指導要録の改訂を機に用いられることとなりましたが，従来の観点「関心・意欲・態度」と同様の問題を抱えていると言わざるを得ません。新しい観点はメタ認知能力と，粘り強く学習に取り組む態度の２つの要素が特徴ですが，メタ認知能力に関して簡単な発達段階が考えら

れているだけで，粘り強く学習に取り組む態度に関しての評価基準は今のところ存在しないのが現実です。

「関心・意欲・態度」にせよ「主体的に学習に取り組む態度」にせよ，これを形成的評価として用いる限りは，ハイ・ステイクスな評価として用いる場合に比べて問題は少ないと言えます。そこで 1 つの方法として考えられるのは，この観点の評価は評定に入れないことです。現状では評定が入試等で用いられているので，評定からこの観点を外せば，改善になると考えます[11]。

注

(1) 知能テストは科学的な測定と考えられていましたので，評価といわずに測定という言葉を使います。テストも知能テストから発展したものであるため，測定という言葉を用いる場合もあります。また，エバリュエーション（evaluation）という言葉を使った時期もあります。しかし，1970年代以降，テスト以外の新しい評価手段が登場し始めると，測定やエバリュエーションの代わりに評価という言葉を用いることが多くなりました。

(2) ノルム準拠テストは，比較の基準とする集団が非常に大きい場合，普通は 1 つの国程度の大きさを考えています。これに対して，学年や 1 つのクラス程度の集団を比較の基準とする場合を集団準拠テスト（cohort referenced test）と言います。評価の手段が後で述べるようにテスト以外のものを含むようになると，ノルム準拠評価（norm referenced assessment），集団準拠評価（cohort referenced assessment）とそれぞれ言われるようになりました。わが国で長年にわたり相対評価と言われていたものは，ノルム準拠テストや集団準拠テスト，またはノルム準拠評価，集団準拠評価と言われているものに相当します。そのため，相対評価と言っただけでは，ノルム準拠評価なのか集団準拠評価なのか厳密に言えばわからないことなります。しかし，わが国で相対評価という場合，集団準拠評価のことを暗黙に意味していることが多いと思います。

(3) 小中学校では指導要録に観点別評価を記入しなければならなかったので，能力を設定された観点に従って分析的に考える傾向が強かったのに対して，高校は平成31（2019）年の改訂で観点別評価を指導要録に記入しなければならなくなるまでは，能力を分析的に考えることはほとんどなかったと言ってよいでしょう。

(4) 平成13年の改訂を契機に，絶対評価という言い方を改めて，目標準拠評価という言い方に変更されました。ただし，平成13年の時点ではまだ目標準拠評価という言い方を始めたばかりだったため，従来から使われている絶対評価という言い方も併用したのです

（指導要録の在り方を検討するワーキンググループで筆者が提案したものです）。

(5) 認知的領域に関するブルームのタキソノミーは，その後，彼の弟子たちによって改訂版が提案されました。その改訂版は，「知識次元」と「認知過程次元」のマトリクスによって構成されており，認知過程次元は，「記憶する」「理解する」「応用する」「分析する」「評価する」「創造する」というふうに動詞形で表現されています。また，知識次元は「事実的知識」「概念的知識」「手続き的知識」「メタ認知的知識」に分けられています。

(6) Glaser, R. (1963). Instructional technology and the measurement of learning outcomes: some questions, American Psychologist, 18.
平成13年の指導要録の改訂を契機に，絶対評価という言い方を目標準拠評価という言い方に改めたのですが，目標準拠評価は直接にはクライテリオン準拠評価のことを指します。グレイサーは，クライテリオン準拠測定（criterion referenced measurement）という用語を用いていますが，議論の前提としてテストを中心に考えていたため，クライテリオン準拠テストとしてここでは示すことにします。

(7) Popham, W. J. (1978). Criterion-referenced Measurement, Englewood Cliffs, NJ: Prentice Hall.

(8) Sadler, R. (1987). Specifying and promulgating achievement standards, Oxford Review of Education, 13, 2.

(9) コンピテンシー（competency）とコンピテンス（competence）の違いは，コンピテンシーは複数形としてのコンピテンシーズ（competencies）を用いることがあり，いくつかの能力の集合体（本文にあるように3つのカテゴリーに区分される）と考えるのに対して，コンピテンスはカテゴリーに分解することなく全体として機能する点に注目する場合に用います。ただし，DeSeCoに関する議論ではコンピテンシーを複数形として用いることは普通ありません。

(10)ハイ・ステイクス（high stakes）とは，評価の結果が生徒の将来や，学校や教師の評判に影響することにより，社会一般の関心を集める場合を言います。例えば高校入試や大学入試，全国学力・学習状況調査などがこの例となります。

(11)平成31年の指導要録の改訂にいたる「児童生徒の学習評価に関するワーキンググループ」の議論の中で，評定の廃止も検討されました。このワーキンググループの委員であった私は，評定からこの観点を外すべきという意見でしたが，評定自体を廃止するのも1つの方法と考えていたため，評定の廃止について反対はしませんでした。

第3章 何のために評価するか
——形成的評価と総括的評価

　「何のために評価するか」，つまり評価の目的として，形成的評価と総括的評価をあげるのが普通です[1]。この他に診断的評価や，最近ではアカウンタビリティをあげることもあります。これらの目的に応じて，評価として必要な質（信頼性や妥当性）が異なってくるのです。また，実際に教室で実施する場合に注意すべきことも異なってきます。この章では，形成的評価と総括的評価の違いを簡単に説明したうえで，それぞれの特徴を中心に考えていきたいと思います。これらの目的に応じた評価の質に関しては，章を改めて考えていきます。

① それぞれの違い

　「形成的評価」（formative assessment）は生徒の学習状況に関する判断結果を，生徒の学習の改善に用いる場合を言います。最近では「学習のための評価」（assessment for learning）とも言われています。学習が終了した時点では学習の改善のために何もできませんので，通常，形成的評価は一定の学習事項の指導の途中で行う必要があります。

　これに対して「総括的評価」（summative assessment）は，一定の学習が終了した時点で，その全体を見渡して生徒の学習成果がどの程度であったかを要約して示すものです。形成的評価と異なり，直接学習の改善を目指したものではありません。総括的評価の結果は，次の学年の教師が指導を始め

るときの参考としたり，異なった学校段階間で選抜の資料として用いられたりすることもあります。

　概念的に形成的評価と総括的評価を区別することは重要ですが，実際に行う特定の学習評価が総括的評価なのか形成的評価なのかを明確に区分するのは難しいのです。学習過程で行ったテストの結果を見て，もう一度学習させて，終わった段階でもう一度テストして指導を終了したような場合は，前者は形成的評価，後者は総括的評価と区別できるでしょう。しかし例えば，一定の学習内容を指導する過程で，教師が生徒の学習の問題点を発見して改善するように指導することは，形成的評価を行ったことになりますが，その結果として生徒の改善が明確に見られたと判断した場合（逆に改善が見られずに次の学習内容に移る場合も），学期末にその結果を総括的評価の資料として用いるのはよくあることです。一連の評価はある点では形成的評価とも言えますし，総括的評価とも言えるでしょう。

　「診断的評価」は，一定の学習の始めに生徒がその学習を行うための十分な知識や技能を習得しているか，また学習上の問題点はないかを調べるための評価です。診断的評価も結局は生徒の学習の向上を目的としているものですから，定義上は区別がつけられたとしても，実際の指導の過程では形成的評価と区別がつきにくいのが現実です[(2)(3)]。

　最近，学校のアカウンタビリティ（accountability）についての議論が盛んに行われるようになりました。アカウンタビリティは説明責任と言われており，学校などの教育機関が，納税者や社会が期待した通りの成果をあげているか示す責任のことを言います。そのために国レベル等の各種の調査，特に全国テストや，国際比較調査なども用いられるようになってきています。

② 形成的評価への注目

　形成的評価への注目は，1998年にイギリスのブラック（Black, P.）らが形成的評価を実施した場合の学習効果が極めて大きいことを示した論文[(4)]を発表したことから始まりました。それまで形成的評価が重要だと言われていたにもかかわらず，ハイ・ステイクスな総括的評価に関心が集中していたた

め，形成的評価への関心は低かったのです。しかし，この論文を契機に形成的評価の実践研究が世界中で始まりました。わが国でも平成31年の指導要録の改訂にいたる「児童生徒の学習評価に関するワーキンググループ」での議論は，形成的評価の重要性を強調する結果となりました。

ブラックらのその後の研究で[5]，形成的評価を実施するうえで課題となる分野が浮かび上がってきました。それらは，

- 教師の質問
- 評価結果の生徒へのフィードバック
- 生徒の自己評価や相互評価

です。これらの分野で，何が問題であり，改善のために必要なことは何かが，実践研究から明らかにされてきました。

③ 教師の質問

教師の質問の問題点

教師の質問は生徒が実際に何を理解しているか，考えているかを知るうえでとても重要なことです。生徒の学習の状況を知ることは，当然のことですが形成的評価の実践のうえで最初に必要なことになります。さらに教師は質問を用いて生徒の思考を促すこともできるのです。ちょうど数千年前にギリシャのソクラテスが用いた問答法のように。

しかし，私が高校の教師だった頃の生徒に対する自分の質問について振り返ってみれば，ブラックらが1998年の論文や実践研究で指摘した教師の質問の問題点がそのまま当てはまるのに愕然とします。

①単語で答えるような質問が多いこと

教師の質問は，ほとんどが単語で答えられるような質問なのです（もちろん私もそうでした）。このことは，質問が「知っているか・知らないか」どちらかを問うようなものであることを意味します。このような質問が必要なこともあります。しかし，思考力や判断力の育成が強調されていることから考えれば，単語で答えるような質問ばかりでは，生徒の考えていることを知ることはできませんし，考えることを促すことにもなりません。

②考える時間を与えないこと

　単語で答えるような質問は別にして，生徒が質問に対する考えをまとめるにはかなりの時間がかかります。しかし，多くの教師は生徒が考えている間の「沈黙の時間」に耐えられないのが普通です。単語で答えるような質問の場合は，1 秒程度が限度と言われており，それ以外でも数秒程度が限度ということが，教師の授業を観察した結果としてわかってきています。教師はこの「沈黙の時間」に耐えられなくなり，何かヒントを与えてみたり，別の生徒に答えさせたりしてしまいがちです。

③授業の秩序維持のための質問

　教師の質問は必ずしも生徒の考えを聞く目的で行われるとは限りません。私もしばしば用いましたが，寝ている生徒やぼんやりしている生徒を起こしたり，注意を喚起したりする目的で質問するのはよくあることです。これらの質問は生徒の考えを聞くためのものではなく，授業の秩序を維持するためのものと言ってよいでしょう。生徒の学習状況を把握したり，思考させたりするための質問ではありません。

　この種の質問の別の例として，授業の進行を円滑に進めるため，いつもよい答えや，期待した答えをする生徒を中心に質問をする場合もあります。授業はスムーズに進行するので，教師も上手くいっていると感じることができるため，そのような生徒に質問を割り振りがちになるのです。しかし，残りの生徒は取り残されていると感じ，疎外感を味わうこととなります。

教師の質問の改善のために

①質問の内容の再考

　「正しい・誤り」のような 2 択式の質問や，単語で答えるような質問はできるだけ避け，「どう考えますか」とか「どうなるでしょうか」というような質問にするのがよいでしょう。2 択式の質問にならざるを得ない場合でも，生徒の答えを聞いた後に，「なぜそう考えましたか」という質問を付け加えることを心掛けるべきです。

　これまでの教室での質問の経験に基づいて，生徒は教師が何を答えることを期待しているか先回りして推測しようとする傾向を持っています。つまり，

自由に考えさせるのではなく，教師の望む解答を見つけ，授業が円滑に進むことを期待されていると感じているのです。そこで，たとえ正解や期待していた答えが出てきても，できる限りいろいろな解答や考えを聞き出すように努めることが必要です。そうすると予想しなかったようなよい解答が出てくることもあります。

②考える時間を与えること

解答を考えるための時間を十分に与えていないことが多いことから，当然のことですが，これについては解答を考える時間を与えることを心掛けることが必要です。しかしながら，実際には非常に難しいことが実践研究でわかっています。十分な時間を与えることができるようになるまでに数か月はかかるという実践報告がありますので，ともかく辛抱強く取り組むことです。どうしても解答がない場合には「しばらく考えておいてください。後でまた聞きます」と言って，考える時間を与える方法もあります。

③間違った答えも必要ということを理解させること

年齢が上がるにつれて，生徒は間違った答えを言って，恥をかいたりメンツを失ったりすることを恐れるようになるものです。そのため自分の考えをなかなか言わなくなります。そこで生徒には次のように伝えることが重要です。「よくわからないがたまたま言った答えが正解であることもある。しかし，わかっていないのに正解を言われてしまうとわかったものとして次に進んでしまうことになる」と。このように，よくわからないがたまたま正解を言われると逆に困ること，誤った答えが出ると正しいことと誤りの区別がはっきりして理解が深くなることを強調するべきです。

私の経験では，このことを繰り返し高校生に説明していると，自分の考えをなかなか言おうとしない高校生でも，教師が驚くくらいよく話すようになりました。誤った答えをすることを恐れず，自由に自分の考えを言うことができるような教室の雰囲気が，生徒の学習を進歩させることとなります。

④ 評価結果の生徒へのフィードバック

評価の結果として役に立つ情報を得られても，その情報をもとに生徒自身

が学習の改善に生かさなければ，形成的評価として機能しないこととなります。そこで評価結果を生徒に伝える方法について考えることも必要です。教師が生徒に評価結果を伝えることを「フィードバック」（feedback）と言います。このフィードバックとしてどのような方法を用いるかによって，形成的評価の効果は変わってきます。形成的評価の実践研究からわかってきた効果の乏しいフィードバックと，効果的なフィードバックを考えてみたいと思います。

効果の乏しいフィードバック
①点数を知らせること

　通常，学校ではテストを実施して，その結果を点数で示すのが普通です。これも一種のフィードバックですが，点数で示すことができるのは「よくできた」または「よくなかった」などという情報になります。このようなフィードバックは生徒の自尊感情に訴えるだけで，悪い結果のフィードバックの場合には，自尊感情を損ない逆に学習への意欲を阻害します（よい結果の場合は，自尊感情を高めることで学習への意欲を高める効果はありますが）。点数を知らされた生徒は，自分の点数が他者と比べてどうであったかに関心を向けてしまいがちとなります。そのため，点数を示すことは，学習の改善に関してほとんど効果がないことがわかっているのです。点数だけでなく，定期テスト等の結果を知らせる場合に，教科ごとや全教科を合算した順位を知らせることもありますが，これも点数をフィードバックするのと同じこととなります。

②「よくできました」「がんばりました」などのコメント

　フィードバックの別の方法は，言葉によるフィードバックです。言葉によるフィードバックを，ここではコメントとして考えてみます。前記の点数を示すことに加えて，「よくできました」とか「がんばりました」というような賞賛のコメントや，努力を称えるコメントを付け加えることがしばしば行われます。また，生徒が仕上げた課題を返却する際に，これらのコメントを述べたり，書いて返却したりすることもあります。しかし，これも点数と同様に形成的評価としての効果は乏しいことがわかってきました。

③生徒が理解できないコメント

　教師のコメントに関して，これを受け取る生徒がどのような感想を持つかについての調査によると，教師のコメントが理解できないことが多いという結果が示されています。例えば「もっと詳しく書くように」とか「多面的に考えること」などのコメントは，一般的過ぎて生徒には理解できないことが調査からわかってきました。また，同じようなコメントを繰り返されることが多いので，コメントを真剣に受け取らなくなるという問題も指摘されています。

　さらに，教師のコメントが「きれいに書けています」などというものだと，きれいに書くことを学習の目標と受け取る生徒もいます。そのため，きれいに書くことを常に心がけるようになりますが，その他の面での学習の改善にはつながりません。

　なお一部の生徒は，自分の作品等に赤字でコメントを書かれると（私もそのようなことをしばしば行いましたが），何か棄損されるように感じるということもあります。作品そのものに書くのではなく，別の紙に書き作品に添付したほうがよいし，赤字も避けたほうがよい場合もあることを注意してください。

④点数とコメントの組み合わせ

　点数とコメントを組み合わせる場合にも注意が必要です。たとえ後で述べるような適切なコメントであったとしても，点数が並置されていると，生徒の関心は点数にいってしまい，コメントをしっかり読まなくなる傾向があります。そのため，コメントと点数を並置しないことを心掛けるべきです。

効果的なフィードバック

　これまで述べてきたことから，効果的なフィードバックとするためには，逆効果をもたらすフィードバックをできるだけ避けることが必要となります。なかなか難しいことですが，できるだけ点数で評価結果を知らせることを避けることがまず必要です。結局のところ点数は形成的評価として機能しないため，総括的な評価となってしまいます。点数を示しつづけると，学習の目的は，高い点数をとりよい成績をあげること，と生徒は考えるようになり，

学習を進歩させることと考えなくなってしまいます。このような評価に対する生徒の考え方をまず転換する必要があるのです。順位を知らせることは，点数以上に形成的評価を阻害することとなります。

　効果的なコメントの内容は何かというと，学習の目標に照らして，どこがよくできており，どこが改善を要するかをできるだけ具体的に示すことです。先の例で言えば「……のところは簡単すぎます。そこをもっと詳しく書くように」と詳しく書くところをピンポイントで指摘したり，「……の見方以外の見方もあることを述べたうえで，どちらが重要であるか述べるように」などとコメントしたりすることです。このようなコメントを繰り返し行うことにより，生徒は評価の目的は成績を付けることではなく，学習の向上のためのものであると少しずつ考えるようになります。さらに教師自身もこのようなコメントができるような課題を工夫するようになっていきます。保護者にとっても，点数を示されるだけよりは，改善すべき点が具体的にわかったほうが支援につながります。

⑤ 自己評価と相互評価

フィードバックから自己評価へ

　ここまでは教師の視点から形成的評価について考えてきました。教師の役割が重要であるのはもちろんのことですが，形成的評価においては生徒の役割も重要です。生徒の役割の重視により，形成的評価は学習の向上を目的とすることだけでなく，別の意義を持つこととなります。つまり，教師から生徒に重点を移すことで，教師が改善の助言をするフィードバックから，生徒自身が自分の学習を自分でコントロールすることへ重点を移すことができるのです。学校教育の最終的な目標の1つは，生徒が独立した学習者になることですから，形成的評価を通じて生徒が自分の学習を自己コントロールできるようになるのは極めて重要なことです。そのための出発点として，形成的評価を通じて自己評価能力を育成する意義があるのです。

　サドラーは形成的評価が機能するための3つの条件を示したことで有名ですが，その3つは次のようです[6]。

　①学習の目標や，どのようなレベルの学習の成果が求められているかを生徒自身が知る必要がある。

　②生徒は学習の目標やレベルと，自分の実際の学習状況がどの程度乖離しているかを知る必要がある。

　③生徒は学習の目標やレベルとの乖離を埋める方法を指導される必要がある。

　①と②で生徒の役割が強調されていることに注意すべきです。また③の乖離を埋めるのは最終的には生徒自身です。つまり，形成的評価が機能するには，教師の指導があるにしても，生徒自身が積極的に学習の改善に動く必要があるのです。

　サドラーが形成的評価において生徒の役割を重視しているのは，教師が学習の改善に役立つ助言，つまりフィードバックをしても，生徒はそれを生かそうとしないため，改善が見られないという現実からでした。この点を改善するためには，生徒自身の役割をもっと重視すべきことに彼は気が付きました。つまり，生徒自身が学習の目標を自分自身の目標であると自覚し，その目標と自分の学習状況との乖離を認識して，それを埋める努力をしようとすることが重要であると考えたのです。

　そこでまずは，生徒自身が学習の目標と自分の学習状況の乖離を自分で認識すること，すなわち自己評価が必要となるのです。この自己評価能力の育成は，学習の自己コントロール能力の育成につながるのです。

　ここで注意しなければならないのは，形成的評価により育成しようしている能力は，欧米で「高次の技能」（higher order skills）と言われる能力です。わが国では「思考・判断・表現」の学習評価の観点で示される内容がほぼこれに相当します。漢字の学習や，都道府県名，計算のような知識や技能ではないことに注意すべきです。漢字の学習や県名の学習において，教師によるフィードバックや生徒の自己評価がまったく必要ないとは言いませんが，形成的評価を実施するうえで色々な工夫を必要とするのは高次の技能なのです[7]。

自己評価能力の育成方法と最終的な目標

これまでの実践研究によれば，自己評価能力を育成する方法として，次のような方法が考えられています。

①相互評価の導入

自己評価にいたる最初の練習として，生徒同士でお互いの作品等を評価しあうことが効果的だとわかっています。例えば，各人が書いた文章の出来栄えをグループで評価しあうことです。生徒と教師では，用いる言葉も違いますので，日頃から同じような言葉を使っている生徒同士のほうが，生徒にとって理解しやすい場合があるのです。自分の作品を評価するには，自分の作品から一歩離れて客観的に見る必要がありますが，他の生徒の作品の場合はその必要がありませんので，その分，評価をする場合のハードルが低くなるのです。

②学習の目標を知ること

漢字の学習等と異なり，高次の技能に関する学習の目標を生徒に理解させるのは，自己評価能力を育成するうえで難しい部分となります。この学習の目標を理解させるのは教師の役割です。言葉で学習の目標を伝えるだけでは生徒は理解できないのが普通です。例えば「論理的な文章を書くこと」が学習の目標というだけでは，生徒はまったく理解できないでしょう。言葉として受け取るだけで，論理的な文章の中身を理解できるわけではありません。

理解させるためには，実際に論理的な文章をいくつか生徒に示すことが必要です。もちろん生徒の年齢や学年によって，育成できると思われる論理的な文章のレベルは異なってくるものですから，年齢や学年により示す文章のレベルを変える必要があります。作品を生徒に示す場合には，どこが学習の目標に照らして目標を達成しているかを説明することを必要とします。このような指導を繰り返すうちに，生徒も何が求められているか少しずつ理解するようになってくるのです。

③グループでの評価と教師の指導

学習の目標を理解させるのと並行して，実際の作品を生徒自身が評価する練習をすることが必要となります。この場合，生徒が単独でこれを行うよりも，グループとして取り組んだほうが，自分自身ではわからなかった点や，

他の生徒の見方を知ることで，自分の考えを深めたり，広げたりすることができます。

　評価の練習に用いる作品は，該当のクラスの生徒の作品を用いてもよいですが，同じような課題に対する以前の別の生徒の作品を用いることも考えるべきでしょう。この場合，作品の一部を変えて，評価すべき点がわかりやすいようにすることも練習のために役に立ちます。

　グループでの評価の練習の過程では，教師の指導がもちろんのことですが必要です。学習の目標を理解させるのと同様に，具体的な作品等を用いてどこに注目して評価するか，評価基準と具体的な作品の該当するところを指摘しながら指導することが必要です。同時に改善する方法も指導することが必要です。要するにスタンダード準拠評価で示される必要があるということです。

④作品を作り出す過程で自己コントロール

　このような指導の最終的な目標とするところは，文章を書いたり，調査レポート等を作成したりする過程，要するに自分の作品を作成する過程で，その出来栄えを自分自身で判断して，必要があれば自分で修正していくことです。これについてサドラーは次のように述べています。

　「学習の向上が実現するには，生徒が教師とほぼ同じような学習の質を判断する基準を持っていること，そしてこれを用いて実際の作品を制作している間にも，その出来栄えをモニターできることが必要であり，場合によっては異なった方法や戦略を採用することができなければならない」(6)

もちろんこのような最終段階にすぐに到達できるわけではありません。先に述べたヴィゴツキーの足場組のように，初めのうちは教師の指導が必要ですが，生徒の自己評価能力が付いていくにつれて，教師の指導は減らしていくことになります。

⑥ 総括的評価とハイ・ステイクス

　第3章の始めに述べたように，総括的評価は一定期間の学習が終了した後，その間の学習の成果を要約して示す評価です。要約の仕方は，数値（1，2，3……）や記号（A，B，C……），文章表現などがあります。数値や記号で示す場合，それらが示している意味が問題となります。もし相対評価であれば，一定の集団に対する個人の学習状況の位置づけですし，目標準拠評価ならば，一定の評価基準のどの段階やレベルに個人の学習が到達したかを示すこととなります。

　総括的評価で問題となるのは，評価結果がどのような目的に使われるかです。主な目的としては，①次の学年の教師への評価情報の提供，②学校間の評価情報の提供，③保護者への評価情報の提供，の3つが考えられます。

次の学年の教師への評価情報の提供

　同じ学校の次の学年の教師へ評価情報を提供することにより，受け取った教師は生徒の大まかな状況（よくできる，普通，努力を要する）を把握することになります。また，クラス編成をするために用いられることも多いでしょう。生徒個々人の学習状況に基づいた指導計画を作るには，総括的評価は学習状況の詳細（どこがよくできて，どこに改善すべき点があるか）を示すものではないため，情報として不十分です。ただし，総括的評価が目標準拠評価で行われたうえで，用いられる評価基準を各教師が共有している場合には，生徒個人に対応した指導計画の作成の役に立つこともあります。

学校間の評価情報の提供

　異なった学校段階での評価情報の提供に関しては，両方の段階の学校が同じような評価基準を共有している場合を除いて，次の学校段階の教師は生徒の大まかな状況を知ることができるだけとなります。多くの場合，クラス編成の参考資料や学習グループの編成をする場合に参考とするものとなります。

　学校間の評価情報の提供に関して最も大きな問題となるのは，総括的評価

が調査書や内申書の形で入試の選抜資料として用いられる場合です。これまでも述べてきたように，評価の結果が生徒の将来や，学校や教師の評判に影響することで，社会一般の関心を呼ぶことをハイ・ステイクスと言いますが，入試の資料として用いられる総括的評価は，典型的なハイ・ステイクスとなります。この場合，どのような評価の質が必要かに関しては，第４章で改めて論じていきたいと思います。

保護者への評価情報の提供

生徒の学習状況について保護者に情報提供するのも総括的評価の役割となります。この場合，相対評価に基づく評価情報を保護者が求めるのか，目標準拠評価による情報の提供を求めるのかは，一概に言えません。評価の結果が入試等に関わる場合には，相対評価による情報を求める傾向があるでしょう。保護者がどちらを求めるかは，学校や教育機関全体が評価の役割についてどのような説明をするかによっても大きく変わるものと考えられます。

⑦ アカウンタビリティのため

近年，学校や教育機関が税金を有効に使っているかを納税者に説明する責任があると言われるようになりました。このような説明責任一般を「アカウンタビリティ」（accountability）と言います。教育界でのアカウンタビリティの議論は主として，生徒の学力を教育機関が高めているかを問うものとなっています。これに関して国レベル，国際的にも様々な学力調査が行われるようになり，社会全体の関心を集めるようになりました。つまりこれらの調査がハイ・ステイクスなものとなってきました。

国レベルの調査

国レベルでの学力調査で先鞭をつけたのがイギリスです。イギリスでは1988年の教育改革法により，ナショナル・カリキュラムが初めて導入されました。このナショナル・カリキュラムでは，７歳，11歳，14歳，16歳の４段階で全国テストを実施して，リーグテーブルという一種の番付表によって学

校ごとの結果が公表されることとなっていました。しかし，あまりに粗雑な
番付表であるとの反対論や，実施に伴う教師の負担増に対する不満から，教
師の実施ボイコットなどの騒ぎが巻き起こり，たびたび実施内容が修正され
てきています。現在でも流動的であり，今確実に行われているのは，16歳で
実施される GCSE 試験の結果の公表です。しかし，こうした全国テストと
その結果の公表によりアカウンタビリティを果たそうとする動きは，世界全
体に大きく影響しました。

　わが国でも平成19（2007）年より全国学力・学習状況調査が始まりました。
結果の公表は基本的に都道府県単位での平均点の公表にとどまりましたが[8]，
それでも平均点の低い都道府県では学校に対する非難が高まりましたし，逆
に平均点の高い都道府県には多くの学校関係者が見学に訪れることとなりま
した。また，一部の自治体では都道府県以下の市町村や学校単位での結果の
公表を行うところも出てきました。

国際調査

　国際的にもアカウンタビリティのための調査が行われています。代表的な
のが OECD の実施する PISA 調査です。これについてはリテラシーについ
て説明したところで言及しましたが，PISA 調査の特徴はリテラシーだけで
はありません。もう1つの特徴はマトリックス・サンプリング（matrix
sampling）の手法を用いていることです。マトリックス・サンプリングと
は，一人の生徒が解答する問題は，調査全体の問題のごく一部とする調査方
法です。しかし，すべての受験者を合わせれば，問題の全体に解答すること
になります。このような方法の利点は，受験者全体としては非常に多くの問
題に解答することになることです。1人の受験者にすべての問題を解かせる
ためには何十時間も時間が必要で，そのような長い時間にわたって受験させ
ることは不可能です。しかし，マトリックス・サンプリングの方法を使えば
1人の生徒の受験時間を短くして，かつ受験者全体としては多くの問題に取
り組むことができます。

　多くの問題に取り組むことが必要なのは，1つの教科の学習状況を把握す
るためには，30時間以上をかけて問題に取り組む必要があることがイギリス

の APU（Assessment of Performance Unit）調査の経験からわかっているためです。このことは，すべての生徒に同じ問題を用いて，短い時間で解答させる学力調査の限界を示していることとなります。わが国でも全国学力・学習状況調査において，調査自体は生徒の学力の一部を調べているに過ぎないと断っています。この点はもっと強調すべきことです。

PISA 調査の結果に対して，参加した各国はその結果が悪い場合には，国内での批判が巻き起こり，改革を余儀なくされてきました。わが国でも2003年の結果が悪く，いわゆる「ゆとり教育」に対する批判が巻き起こりました。しかし「ゆとり教育」に対する批判は，学習指導要領で学ぶべき内容が削減されたことに対する批判が中心であったことを考えると，PISA 調査はリテラシーと言われる実践能力を評価するものですから，「ゆとり教育」に対する批判として PISA 調査の結果を用いるのは不適切であったと言わざるを得ません。にもかかわらず，以後のわが国の学習指導要領では学習内容の削減が事実上不可能になり，改訂のたびに学習内容が増加し続けてきました。

PISA 調査が示したのは，高次の技能，わが国流に言えば思考力や判断力に課題があることを示したものでした。にもかかわらず，批判が学習内容（主として知識）の削減批判に向かってしまったのです。不正確な教育論議が甚大な損失をもたらし続ける典型的な例と言えるでしょう。

注

(1) この区別は，1967年にスクリヴァンがカリキュラム評価に関して提案しました。2年後，ブルームが診断的評価を加えて，生徒の学習評価に応用しました。

(2) 実際に評価を行う場合，それを形成的評価として行うのか，総括的評価として行うのかを明確に区分すべきであるという意見と，逆に明確に区分することは難しいという論争が欧米の評価研究の間では続いています。前者の立場に立つ研究者は，形成的評価として行った結果は総括的評価に用いてはならないとも主張しています。

(3) いま提唱されているパフォーマンス評価は，毎学期1，2回程度しか実施できないため，形成的評価と総括的評価を兼ねることが予想されます。

(4) Black, P. and Wiliam, D. (1998). Assessment and classroom learning, Assessment in Education, 5 (1).

(5) King's Medway Oxford Formative Assessment Project（KMOFAP）

(6) Sadler, R. (1989). Formative assessment and the design of instructional systems, Instructional Science, 18.

(7) ブルームは完全習得学習理論を展開する中で，最適化された教材，十分な指導と時間，形成的評価があれば，どの子も学習内容を完全習得できると考えました。しかし，このとき想定していたのは，「思考・判断・表現」といった高次の技能ではありません。

(8) 筆者はこの全国学力・学習状況調査を実施するにあたり，技術的な問題を検討する国の委員会の委員を務めました。そこである自治体の代表が，市町村ごとや場合によっては学校ごとの結果の公表を検討すると言ったため，それは無用な競争を引き起こし弊害が大きいので思いとどまるようにと，多くの委員が説得したことがありました。

第4章 評価の質
──信頼性，妥当性，評価の統一性

① 評価の質を判断する２つの概念

　評価の結果は，それを用いる目的によっては非常に重大な結果を招くことがあります。典型的な場合は入試です。大学入試や高校入試の結果は，受験した生徒の人生を変えるほどの影響力を持ちます。いっぽう，小学校でしばしば行われる漢字の書き取りテストができずに，漢字ノート２ページ分の書き取り課題を出されたとしても，テレビを見たりゲームをしたりする時間が少し減るだけで，大した影響があるわけではありません。

　評価の結果が重要な決定に用いられる場合もあることを考えれば，そのために用いられる評価の質的な保障を求めるのは当然のことです。医師の治療を受けるとき，誰もが担当医師の医療の質について知りたいと思うのと同じことが，評価についても言えるわけです。2020年１月に実施される予定であった大学入学共通テストで，記述式問題の出題が予定されていたにもかかわらず，実施寸前になって中止されたのも，記述式テストの採点に対する問題点の指摘によるものです。

　評価の質を判断するために用いられるのは，「信頼性」（reliability）と「妥当性」（validity）です。この２つの概念は，ペーパーテストを前提に考えられたものです。そのため後の章で詳しく紹介するパフォーマンス評価などの新しい評価手段には必ずしも適合しない場合が出てきています。また，

信頼性や妥当性の内容に関しても，重要な点について変化が生じてきています。そのため，新しい考え方も登場してきています。これらの点について説明していきます。

② 信頼性

基本的な考え方

　信頼性の概念は，ペーパーテスト，それも多数の問題を出題するテストを前提に考え出されたものです。そのためここでは評価という代わりにテストという用語を用いることにします。信頼性は，テストが測定しようとしている能力や技能をどの程度正確に測定しているかを問うものです。たとえて言えば，体重を測るのに，同じ人を2回測定しても同じ体重を示すかを問うものです。つまり，信頼性の基本的な考え方は，同じテストを同一の被験者に時間をおいて2回実施した場合，同じ結果が出るかを問うものです。同じ結果が出れば信頼性が高いことになりますし，結果が異なれば信頼性が低いことになります。これは，テストに対する「被験者の解答の一貫性」（consistency）を調べていることになります。

　信頼性を調べる方法としては，同じテストを数日おいて再び実施する方法が考えられます。しかし，同じテストを2回実施すれば，被験者はテスト問題になれてしまうため，同じような結果が出ると考えるのは非現実的です。そこで別の方法として，同じテストを2つに分割して，半分同士の得点が一致するかを問う方法（テスト折半法）があります。もちろん，半分にしたテストが同じような内容であることを必要とします。これをさらに進めて，1つのテストを2つに分割するあらゆる場合についての一致の程度（相関係数）を調べる統計的な方法もあります。ただしこのような相関係数を調べる方法は，生徒間の違いが大きく，テストの得点が広く分布していることを前提にして考えられています。つまり，相対評価を前提に考えられたテストに適合する方法です。そのため，クライテリオン準拠評価の考え方を採用したテストのように，個人間の差異を際立たせるようには作られていないテストに用いることはできません。

採点の信頼性

　信頼性の別の側面として，２人の採点者が同じテストを採点して同じような採点結果が出るかどうかを問うものがあります。こちらのほうは「評価者間信頼性」（inter-rater reliability）と言われます。これは採点者がテストを採点する場合の採点の一貫性を問うものとなります。大学入学共通テストの記述式問題に対する批判は，この採点者間信頼性に関する疑義によるものです。確かに，記述式の採点は，以前のセンター試験や大学入学共通テストの大半を占める予定（結局は記述式が中止になったため，すべてとなったが）であった多肢選択式の採点に比べれば，採点者間信頼性は低くならざるを得ません。

　多肢選択式のような採点の信頼性を求めれば，すべての記述式の実施は不可能になるでしょう。しかし世界全体から見ると，記述式にも多肢選択式並みの採点者間信頼性を求めるのは，わが国に特異な現象と言うべきでしょう。大学入学共通テストでの記述式導入をめぐる経過を考えれば，信頼性に関してはわが国の場合，評価者間信頼性が今後とも最も重要な課題となると考えられます。その際，多肢選択式並みの評価者間信頼性をわが国がなぜ求めるようになったかを考える必要があるでしょう。

評価の統一性

　ペーパーテスト以外のパフォーマンス評価などが登場するようになると，ペーパーテストを前提にした評価者間信頼性を用いるのは不適当ではないかと考えられるようになりました。そこで新たに考えられたのは「評価の統一性」（comparability）という概念です。これはパフォーマンス評価のような，テストとは異なる評価方法を用いた場合，異なった評価者が評価基準を同じように解釈して対象に対して適用しているかを問うものとして使われる場合が出てきました[1]。

　評価者間信頼性が特定の対象（ペーパーテストの解答，または特定の課題）に関するものであったのに対して，用いている評価全体の仕組みが，教師や学校が違っても，同じような評価が行われるようになっているかを問うものとしても評価の統一性が使われるようになりました。例えば，ある学校

と他の学校が同じような学習状況の生徒に対して，同じような評価結果を示しているかを問題とするものです。わが国で言えば，ある学校と別の学校で，同じような学習状況の生徒に対して，同じような観点別評価の結果を示していたり，評定を出しているかを問うことになります。

モデレーション

パフォーマンス評価など，ペーパーテスト以外のいろいろな評価手段が登場するようになると，これらの評価の統一性の確保が必要になってきました。この統一性の確保の手続きを「モデレーション」（moderation）と言います。モデレーションの方法としていくつかの方法が用いられます。後の章で述べますが，わが国でもモデレーションが必要になってきていると考えられます。

①グループ・モデレーション

この方法は，いくつかの学校がグループを作り，自分たちの学校で評価した生徒の作品（レポート，制作物など）を持ち寄り，評価基準やその解釈が適切に行われているか，実際の作品を用いて話し合い，評価の統一を図る方法です。このようなグループ・モデレーションを行っているので有名なのは，オーストラリアのクイーンズランド州です。イギリスの一部の地区でも行っています。

②モデレイター（moderator）による場合

これはモデレイターと呼ばれる評価の統一性の確保のための担当者を決め，この担当者が各学校を訪問して，生徒の作品等の評価をチェックして，評価基準の解釈や適用について調べ，必要があれば改善を指導する方法です。イギリスの一部の地域で行われている方法です。

③参照テストを用いる場合

この方法は，各学校内で実施された評価を，関係するすべての学校が参加して実施したテストの結果を用いて修正する方法です。例えばある学校でよい評価となった生徒でも，その学校全体のテストの成績が悪ければ，低く修正されることとなります。逆に学校内の評価は低くても，その学校の全体のテスト結果がよければ，評価を高い方向に修正します。この方法は，オーストラリアのニューサウスウェールズ州で用いられている方法です。

③ 妥当性

構成概念妥当性

妥当性は，意図した能力や技能を正確に評価しているかを問題とするものです。例えば思考力を評価しようとしているにもかかわらず，実際には知識を評価しているような場合，その評価は妥当性が低いと言います。これはたとえて言えば，体重を測るのに身長計を用いているようなものです（身長が高ければ体重も重くなると考えれば，多少の関係はあるでしょうか？）。

これまで妥当性といってもいろいろな種類の妥当性があると言われてきました。しかし現在では，「構成概念妥当性」（construct validity）がいろいろな種類の妥当性の基礎にあり，最も重要と言われています。

構成概念妥当性とは，評価されるものの基礎にある能力や技能を適切に評価しているかを問うものです。適切に評価するためには，能力や技能を作り出している要素，すなわち「構成概念」（construct）を適切に規定しなければなりません。そのうえで，適切な評価方法を用いた場合，構成概念妥当性が高いこととなります。

例えば「読むこと」を評価する場合，読むことを構成するいろいろな要素，声に出して正確に読む，意味を理解する，読むことを楽しむなどが構成概念となりますが，もし「声に出して正確に読む」ことだけを評価している場合には，「読むこと」に関するこの評価の構成概念妥当性は低くなります。また，「歴史的な見方」などの評価をする場合でも，それを構成する要素をはっきりさせなければ評価できません。しかし「歴史的な見方」に関しての構成概念を規定しようとする試みは，わが国ではあまり行われておりません。構成概念が決まらなければ，妥当性のある評価はできません。別の例として，理科の実験観察技能を評価するのに，ペーパーテスト上で図を示して，実験方法について問題を出題して解答させる方法では，たとえ問題にうまく解答できたとしても，実際に実験観察活動ができることを示すわけではありません。この場合は，用いる評価方法が適切ではないために，構成概念妥当性が低くなってしまいます。

予測妥当性，内容妥当性

　構成概念妥当性を基礎として，いろいろな妥当性が考えられています。1つは「予測妥当性」（predictive validity）です。これはテストの結果が被験者の将来の学習における成功をどの程度予測できるかを問うものです。例えば，センター試験や大学入学共通テストの結果が，大学に入学してからの学習状況を予測することができるかを問うことです。

　もう1つは，「内容妥当性」（content validity）です。これはテストの問題がテストしようとしている学習内容や範囲を反映しているかを問うものです。例えば，学校の定期テストで，教科書の p.30から p.58を試験範囲とした場合，テスト問題がこの教科書の試験範囲を反映した内容になっているかを問うものです。

結果妥当性

　最近では妥当性の新しい考え方として，特定のテストや評価を一定の目的に使うことが適切か，またそのテスト等を用いることによる社会的な影響を問う妥当性の考え方が登場してきました。このような妥当性を「結果妥当性」（consequential validity）と言います。

　例えば，わが国では観点別評価の観点として「関心・意欲・態度」を設定してきましたが，この観点が評定を導くのに用いられ，さらに内申書や調査書の形で合否の判定に用いられてきました。その結果として，主として中学校で授業中に関心や意欲があるように振る舞わなければならないというプレッシャーを生徒に与えていたと言われます。このような振る舞いを生徒にさせていたとすれば，この観点を評定に入れて入試にも用いるということは，結果妥当性から考えれば適切でないことになります。

　また，大学入試センターが実施したセンター試験では，多肢選択式が用いられてきましたが[2]，このような形式の試験が高校教育での思考力やコンピテンシーの育成を阻害するとすれば，これも結果妥当性から見て大きな問題です。実際にセンター試験の前進の共通1次試験から考えれば，40年以上多肢選択式の試験を続けた結果，高校での教育は知識中心の指導になってしまったと，高校の教員であった筆者は感じています。

④ 一般化可能性

　構成概念妥当性の説明の中で，「読むこと」の評価を例にして，いくつかの構成概念がある中で，もし「声を出して正確に読む」ことだけを評価している場合には，「読むこと」に関するこの評価の構成概念妥当性は低くなると述べました。ここで例にあげた「声を出して正確に読む」だけの評価では「読むこと」に関する能力を十分に評価したことにならないのです。

　この問題は，「一般化可能性」（generalizability）の問題とも関係しています。一般化可能性とは，特定の評価で得た結果を，評価の問題や課題を越えた広い範囲の能力や技能の学習状況を示すものとして考えてよいかというものです。例えば，連立方程式のテストをしてよい結果が出た場合，この結果を算数全体の学習状況を示すものとして考えてよいかということです。この場合はもちろんよくありません。しかし，小学校 3 年生で学習すべき漢字の中から30字を選んでテストしてみた結果から，3 年生で学習すべき漢字のすべての習得状況を推定することはしばしば行われています。生徒の学習状況を調べる場合，学習したすべての事項をテストしたり評価したりするわけにはいきません。そのため，一部の学習事項を選んでテストしたり評価したりせざるを得ません。このように，一部から全体の状況を推定してよいかということを一般化可能性と言います。

　一般化可能性はどのテストや評価でも問題となることですが，学校で用いられているペーパーテストは，多数の問題を出題するのが普通ですから，テストの結果をそのテストが評価しようとしている範囲に広げて習得状況を推定することができるでしょう。私も高校の教員だった頃，テスト範囲について100問のテストを出題したことがあります。このほうがテスト範囲の学習事項をまんべんなく評価できると考えたからです（採点が大変で少し後悔しましたが）。この一般化可能性が特に問題となるのは，後で述べるパフォーマンス評価です。パフォーマンス評価は実施に時間がかかるため，多数の課題を設定することは不可能だからです。つまり，パフォーマンス評価の一般化可能性は低いこととなります。

信頼性と妥当性の関係

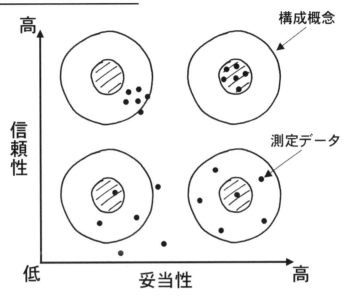

構成概念

測定データ

高 / 信頼性 / 低 / 妥当性 / 高

⑤ 信頼性，妥当性と評価の目的

総括的評価は信頼性が必要

　総括的評価の一部は選抜の資料などの重要な決定に用いられることもありますので，同じような学習の達成度の生徒は同じような評価を受ける必要があります。妥当性も高いことが望ましいのですが，信頼性の高いこと，特に評価者間信頼性が高いことがまず必要となります。

　特に選抜の資料として用いられる場合には，異なる教師や学校の評価結果が選抜の資料となりますので，評価者間信頼性というよりも，評価の統一性（p.48参照）の高いことが必要となります。つまり，指導要録での観点別評価も，観点を総合して導かれる評定についても，評価の統一性が必要となるということになります。

形成的評価は妥当性が重要

　形成的評価は，総括的評価と異なり，信頼性の高いことを必ずしも必要としません。たとえ誤った判断をしたとしても，修正の機会があるためです（その点，総括的評価は重要な決定に用いられ，決定がなされた後は修正が難しいのが普通です）。しかし妥当性が高いことは必要です。評価の結果が学習の改善すべき点があることを示していたとしても，妥当性が低ければ実際に修正すべき点を評価していたとは限らないからです。こうは言っても，形成的評価は学習指導の過程で行われるため，おおむね妥当性は高くなるのが普通です。

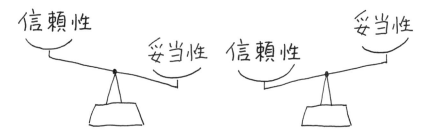

総括的評価は「信頼性」が大事　　形成的評価は「妥当性」が大事

注

（1）パフォーマンス評価の場合でも，評価者間信頼性を用いる場合もあります。

（2）令和3（2021）年7月，文部科学省は大学入学共通テストの記述式や英語民間試験の導入を正式に断念しました。

第5章 どのように評価するか

① 多様な評価方法が必要

　知能テストから始まった20世紀の評価は、知能テストの形式を用いて知能以外の目的にも使われるようなったことは第2章ですでに述べた通りです。知能テストは、数多くの小問を出題し、その正解数（点数）で評価（測定）するものでした。知能テストを多数の人々に実施するために、多肢選択式の知能テストも開発されました。これらの知能テストの形式が、知能以外の目的、特に学校での評価にも用いられるようなりました。学校で使われるペーパーテストは知能テストに由来するものです。

　しかし、1970年代以降、ペーパーテストではない新しい評価方法が登場するようになりました。パフォーマンス評価がその代表です。パフォーマンス評価のような新しい評価方法が登場したのは、ペーパーテストだけでは十分に評価できない能力や技能があることが問題となったためです。この背景には、学校教育で育成すべき能力や技能の考え方も変わってきたことがあります。

　学校で育成すべきとされる能力や技能についての考え方は、1970年代以降、技術革新の急速な進展を背景に変化してきました。技術革新が急速に進む社会では、学校教育で身につけた知識や技能だけでは陳腐化してしまうことが懸念されます。このような急速な変化に対応するためには、「高次の技能」

（higher order skills）を育成しなければならないと考えられるようになりました。これはすべての先進工業国に共通した課題となったのです。いわゆる先進国クラブといわれる OECD が，リテラシーやコンピテンシーというこれまでとは異なった能力や技能の育成を求めたり，そのための国際比較調査を始めたりしたのも，この課題に対処するためです。これまでに述べてきたように，高次の技能は，わが国流に言えば思考力や判断力に相当します。

高次の技能や思考力等を育成しなければならなくなると，評価の在り方も転換が必要になってきました。知識の習得も重要ですが，それだけでは世界の変化に対応できないと考えられるようになり，知能テストに由来するペーパーテストだけでは不十分と考えられるようになったわけです。

教育の目標として，知識の習得に加えて高次の技能や思考力等の育成が目指されるようになると，評価もいろいろな方法を用いることが必要だと考えられるようになったのです。

現在では，教育目標の広がりに応じて，評価に用いる方法も多様化する必要があると考えられるようになりました。ペーパーテストだけでなく，新しい評価方法を用いることが必要となってきたのです。この章では，いろいろな評価方法の特徴と，その適切な利用分野について説明していきます。

② ペーパーテスト

多肢選択式テスト（multiple-choice test）

わが国のセンター試験，その前身の共通一次試験，さらに記述式を用いないこととなった大学入学共通テストなどがこの代表例となります。いくつかの選択肢から正解を選ぶ方式です。正解か誤りかを選ぶ正誤判定テストは，多肢選択式の選択肢が2つの場合として考えることができます。

正解とされる選択肢以外の選択肢（distracters）は，正解ではないがそれに近いものが示されるのが普通です。また，選択肢の数は4つないし5つにするのが普通です。それ以上選択肢を増やしても，結果にそれほど違いのないことが確かめられています。

以下は，平成31（2019）年度のセンター試験の「現代社会」の問題です。

　国際連盟と国際連合に関する記述として最も適切なものを次の①〜④のうちから選べ。
①国際連盟の総会と理事会の意思決定は，多数決制が原則とされていた。
②国際連盟には，その設立当初からアメリカが加盟していた。
③国際連合では，世界人権宣言の内容をより具体化した国際人権規約が採択された。
④国際連合では，軍事的強制措置の手段として，安全保障理事会の下に国連軍が常設された。

　この問題は，国際連盟と国際連合についての多肢選択問題ですが，見方によっては多肢選択式ではなく，4つの独立した正誤判定問題の組み合わせと見ることもできます。4つの選択肢のうちの1つが○というヒントがついていると考えることができます。センター試験の地歴，公民の問題の多くが，一定のテーマを扱っているように見えながら，実態としては独立した別々の問題の集まりと見ることもできるのです。

　このような問題が地歴や公民の試験で繰り返し出題された結果，生徒はセンター試験対策として1問1答形式の問題集に力を入れることとなりました。センター試験に対応する1問1答形式の問題集は，例えば次のような問題が並べられている問題集です（問題例自体は筆者が作ったものです）。

・国際連盟の総会，理事会でとられていた意思決定方式を何と言いますか。
・国際連合で世界人権宣言の内容を具体化して採択した条約を何と言いますか。

　多肢選択式の利点は，短時間に多くの事項についてテストすることができる点にあります。また，問題作成の工夫によっては，理解の深さをテストすることもある程度できます。ただし，先の問題例のような多肢選択式では，基本的に「知っている，知らない」を問うものになりますので，理解の深さをテストすることはできません。

　加えて，採点の信頼性が高いのは言うまでもないことです。センター試験

のようにマークシートにすれば，採点は極めて容易で時間がかかりません。最近の高校の定期テストでは，多肢選択式を用い，かつマークシートで解答させるところまであるようです。このようなテストを続ければ，生徒の学習観に大きく影響すると考えられます。

　多肢選択式の最大の問題は，他者の考えた正解を選ぶだけでよく，自分で正解を考え出す必要のないことです。この形式のテストは，選択はできても選択肢の内容自体を自分で考え出すことのできない生徒を増やしてしまうのです。実際にこの形式を用いた共通一次試験やセンター試験が40年近く続いた結果，生徒は書かせる問題を嫌うようになってしまいました。例えば，センター試験だけで合否が決まる大学の受験を好むようになり，書かせる問題を出題する大学の受験を避けるようになりました。

　この形式のテストが与える弊害として，教科として最も重大な影響を受けたのが国語です。書く必要がないため，この形式のテストに対応した学習を続ければ，生徒は国語の学習で書くことは必要ないと考えるようになってしまいます。結局，生徒だけでなく，教師も書く指導をしなくなったのが高校教育の実態なのです。小中学校で書く指導をしても，高校の段階で止まってしまっているのです。もちろん他の教科でも書かせるようなテストを生徒は嫌がるようになりました。第 1 章で述べたように，評価の在り方は生徒の学習の在り方に大きく影響します。

解答制限のあるテスト（closed response）

　この形式のテストには，用語や単語を答えるテストから，短文で答えるテストまで幅があります。また，段階構造を持ったテストなどもあります。

①単語や用語を解答するテスト

　単語や用語で答えるテストにも，先の 1 問 1 答の問題集のように，問題文が示されて，それに単語や用語で答えるもの，文章中の（　　）に適語（単語や用語）を当てはめるものなどがあります。この方式は多肢選択式と同じように，たくさんの問題に解答させることができるので，広い範囲の学習事項を評価するのに適しています。採点も多肢選択式と同じように容易ですから，採点の信頼性や評価者間信頼性も高いのが普通です。

　しばしば問題となるのが，漢字で答える場合です。用語に用いる漢字が間違っていたり，漢字で書くべき用語をひらがなで書いたりした場合に減点したり，正解と同じような読み方ができれば減点しなかったりと，様々な対応が考えられます。最初から漢字で書かなければ不正解としたり，漢字が違っていれば×とすると問題文に注意書きを書いたりすることもあります。問題点は，用語を「知っている，知らない」の2分法の評価しかできないことです。そのため，思考力等の評価には適していません。

②**短文で解答するテスト**

　ここで短文というのは，1つないし2つの文で解答するテストを指しています。短文とはどのくらいの字数かについての明確な基準があるわけではありませんが，字数にして20字程度と考えてください。短文で答える問題としては，意味を説明したり，多肢選択式での選択の理由を説明したりするものがあります。数学でも2〜3段階程度の推論をするテストは，これに分類できるでしょう。

　このようなテストは，多肢選択式や単語や用語を答えるテストと異なり，短いとはいえ，自分で文章を考えなければならないことになります。この字数では複雑な文章を書くことはできないので，高度な思考力を要するものではありません。解答の文章は複雑な文章を書くほどの字数を認められていないので，採点は難しくありません。正答と受け入れられる解答とそうでない解答を判別する採点基準を作成しておけば，採点の信頼性は高くなります。テストできる範囲は，多肢選択式や用語等を答えるテストよりは少し狭くなります。

　ただし，採点者の想定を超える優れた解答もあり得るため，このような場合に対処できる採点者の柔軟性も必要となります。私の経験でも，あらかじめ考えていた正解とは異なるけれども優れた解答にぶつかることがありました。

③**段階構造を持ったテスト**

　これは，いくつかの問題を易しいものから難しいものまで並べ，順番に解答させることにより，最終的に複雑な思考を要する問題に解答させるものです。複雑な思考に至る過程を問題の配列が肩代わりしているため，自分で解

答に至る過程を考える必要がない分だけ，テストとしては易しくなります。問題点は，最初の質問の解答を間違えると，後の問題の解答も誤ってしまう場合が多いことです。

論述式

　一定のテーマや問題に関して，生徒に自由に論述させる問題形式です。短文式との明確な区別があるわけでありませんが，短文式より多くの字数を書く問題形式です。100字から2000字程度までの幅があるでしょう（20字から100字程度の解答字数の場合を記述式と言うこともあります）。字数が非常に多い場合は小論文と言ってもよいでしょう。

　この形式の利点は，生徒の知識の構造や論理的な思考について調べることができる点にあります。また，問題に対して生徒が持つ知識や技能を適切に選択して組み合わせることができるかを評価できる点も特徴です。自由に論述させるといっても，一定程度論述する範囲を指定しないと採点が難しくなるだけでなく，生徒自身も何を書いていいのかわからなくなることがあります。例えば，「享保の改革の影響について論述せよ」というような設定ではなく，「享保の改革が農民，商人，幕府財政に与えた影響について述べよ」としたほうが，生徒も何を求められているかわかりやすいし，採点もしやすくなります。前者のテーマでは，解答の範囲が非常に広くなり採点が難しくなります。この形式の欠点は，採点に時間がかかり，採点の信頼性も低くなることです。

　この形式の解答を評価する場合は，いくつかの観点に分けて評価する分析的採点と，観点に分けず全体的な印象で評価する全体的採点ないし印象による採点の2つの方法があります。両者による採点結果を比較した研究によれば，大きな違いは見られないということです。ただし，評価の目的が形成的評価の場合には，分析的採点のほうがどの点を改善すべきかがわかる点で適切です。この点は次に述べるパフォーマンス評価も同様です。

　以下は，イギリスの GCSE（General Certificate of Secondary Education）試験[1]の歴史（近代）の問題文と採点基準です。この試験では60分で5題程度の論述式の問題に解答しなければなりません。この問題は

2018年の 6 月に出題されたものです。この問題に10〜15分程度で解答しないと，他の問題に答える時間がなくなります。

問題文

1960年代にアメリカが，ベトナム戦争に深く関与するようになった理由を説明しなさい。（10点満点）

採点基準

レベル 5 （ 9 -10点）

・問われたことに完全に関係する，一定範囲の詳細で正確な知識や理解を示している。

・解答は問われたことについて，十分に説明しており，歴史的な概念を用いて完全で納得できる分析をしている。

レベル 4

・問われたことに完全に関係する，一定範囲の正確な知識や理解を示している。

・解答は問われたことについて，十分に説明しており，歴史的な概念を用いて分析をしている。

　この他にレベル 3 〜 1 の採点基準があります。この各レベルの採点基準は全体的評価のための採点基準と考えることができます。しかしながら，これだけでは採点基準の意味することが具体的にわからないため，解答に書かれているべき具体的な内容が各レベルの補足として述べられています。例えば以下は，レベル 5 の採点基準に対する補足です。

レベル 5 補足

　レベル 5 の解答では，アメリカがベトナム戦争に1960年代に深く関与することとなった少なくとも 2 つの理由を示し，それが関与を深めることにつながったことを説明しなければなりません。

　 1 つめの理由は封じ込め政策です。多くのアメリカ人は共産主義が悪魔であり，中国やソ連は共産主義をアジアに広めようとしていると信じ

61

ていました。彼らは1つの国が共産主義の手に落ちれば，他の国もドミ
ノ倒しのように共産主義の手に落ちると考えていました。1965年までに
ベトコンはロシアと中国から資金や武器を援助されていました。アメリ
カは自国の軍隊を送らないと，反乱が政府を転覆させ共産主義の国にな
ってしまうと信じていました。資金援助や顧問団の派遣ではもう対処で
きないと考えました。

　2つめの理由はメンツを失うことを恐れたことです。彼らは1950年代
を通じて少しずつ退却させられてきていました。1960年代には，もうそ
れ以上退却できないところまで来ていました。アイゼンハワー大統領は
1950年代に，南ベトナム政府に20億ドル使いました。しかし，南ベトナ
ム政府は人々に不人気であり，腐敗していたので，政府を維持するには
もっと援助をする必要がありました。そうしなければ共産主義者が政府
を乗っ取ってしまうと考えました。1960年代初めに，ケネディは特別顧
問団を送り，より多くの資金を使いました。そしてジョンソン大統領に
なるともう手を引けないところまで来てしまいました。南ベトナム政府
が弱体化すると，軍隊を送らなければならないと感じるようになりまし
た。さもないと投じた資金が無意味になってしまい，それはとても耐え
られない屈辱でした。

　この補足は，一種の分析的採点の役割を果たしていると考えられます。さ
らに，この各レベルの採点基準に当てはまる解答例が試験実施機関によって
公表されています。採点基準等は評価基準の一種です。解答例は評価事例集
にあたります。そのためこれは，第2章で述べたスタンダード準拠評価とな
っていることになります。

③ パフォーマンス評価（performance assessment）

パフォーマンス評価の必要性

　パフォーマンス評価に関して，評価研究者が合意した明確な定義があるわ
けではありません。アメリカの一部の論者たちは，多肢選択式のテスト以外

はすべてパフォーマンス評価と言っています。ペーパーテストだけでは評価
しきれない能力や技能があるために，パフォーマンス評価が必要であると考
えられるようになったのです。多肢選択式のテスト以外はパフォーマンス評
価であるとする論者も，テストの限界を意識していることに違いはありませ
ん。

　パフォーマンスとは，もともとは実技教科（体育，美術，音楽，家庭科
等）での実演を意味していました。つまり，体育では走ったり，跳び箱を跳
んだりする身体運動，美術では絵を描いたり，粘土で造形作品を作ったりす
ること，音楽では歌ったり，楽器を演奏したりすること，家庭科では調理実
習などです。いずれもペーパーテストで評価するのではなく，運動，作品，
演奏などを実際に行ったり，制作したりする実技を求められます。このよう
に実技（＝パフォーマンス）として評価するということです。

　もともと実技教科で行われていたパフォーマンスの評価を，実技教科以外
でも実施するようになったことで，あらためてパフォーマンス評価と名付け
られ，注目を集めるようになりました。実技教科以外でパフォーマンス評価
を考えるようになったのは，先に述べたようにペーパーテストでは評価でき
る能力や技能に限界があると考えられたためです。

パフォーマンス評価としての特徴

　パフォーマンス評価の特徴は次の 3 点と考えられます。

①求める能力や技能を実際に用いる

　先に述べたように実技教科では当然のことですが，その他の教科でも，求
める能力や技能を実際に用いる中で評価することがパフォーマンス評価の基
本的特徴です。例えば，理科の実験観察の技能をペーパーテストで評価する
ことはこれまでもよく行われてきたことです。実験器具や測定用具の図を描
いて，それについての問題に解答させるような場合です。しかし，ペーパー
テスト上の実験はあくまで現実の実験の代替物に過ぎず，ペーパーテスト上
の問題ができたとしても，実際に実験観察活動を適切に実行できることを意
味するわけではありません。

②部分ではなく全体で

　必ずしもこれはパフォーマンス評価に必要不可欠な特徴ではありませんが，求める能力や技能を用いる課題の文脈は，文脈の一部を取り出して評価するのではなく，全体の課題解決を実行する中で評価することが望ましいと考えられています。例えば一連の探究活動のある部分を取り出して評価するのではなく，探究活動の全体を実行する中で評価することが望ましいということです。理科の例で言えば，測定のところだけを取り出して評価するのではなく，実験観察活動の全体を実施する中で評価することが望ましいのです。ここでの全体とは，実験観察活動の計画，実行（測定），データの分析，結論，改善点の発見などの一連の実験観察活動をする中で評価するほうが望ましいということです。

③現実の課題に近い複合的な課題を用いる

　現実社会で起こる課題や問題の複雑さを考慮して，課題を設定して評価しようとすることです。現実の課題や問題は単純ではなく，いろいろな要因が複合的に絡み合っています。現実の問題の解決が困難なのは，いろいろな要因が絡み合っているためです。評価にあたって，要因ごとに分解された問題を解決できるかを評価しても，現実の問題を解決できると限りません。現実に近い課題により評価する場合を，特に「オーセンティック評価」と言うこともありますが，後述のようにオーセンティック評価の意味も論者によって異なります。

パフォーマンス評価の課題例

　以上のようなパフォーマンス評価の特徴を踏まえれば，次のような課題例が考えられます。最も重要な特徴は，上の①で述べたように，求める能力や技能を実際に用いるような課題を設定することです。

　理科についてはすでに述べたように，実験観察活動の全体を用いた課題で評価することが望ましいのですが，そのような実験観察活動の全体を用いた評価は手間がかかるため，しばしば実施することはできません。そのため，現実には全体の一部を取り出して評価することも考えなければならないのです。

　紫外線の強さが季節ごとにどう変わるか調べさせたことがあります。この時は，紫外線測定器を用意して，グループの代表者が紫外線を測定し，データを全員に知らせ，データの分析だけを課題としました。実際に測定してみると，正確な測定をするのは極めて難しく，測定器のセンサーをほんのわずかに動かしただけで，数値は大きく異なってきます。目に見えない雲がかかっていて，思ったより数値が低くなることもあります。本当は全員が自分で測定したほうがよいのですが，全員で使えるほど測定器の数がありませんでした。

　理科の測定では，実際に得られたデータに異常値が含まれることがあります。この異常値の処理にもかなりの思考を要するのです（高校生でもなかなかできないのが実情です）。要するに，ペーパーテスト上で架空の状況を設定して考えさせるのとは異なり，実際に調べたり観察させたりしてみると，思ってもみなかった要因が作用します。これらの要因に対処することも必要になるのです。ペーパーテスト上の単純化された状況で対処できたとしても，現実の複雑な状況に対処できるわけではありません。パフォーマンス評価の意義は，この複雑な状況を設定することにあります。

　社会科の場合には，パフォーマンス評価の典型例は調査活動でしょう。学習指導要領にも，また教科書にも調べる活動が記述されていますが，実際に調査活動を用いてパフォーマンス評価をするには相当の時間を要します。

　例えば，「地域の商店街の変化とその原因を調べてみる（特にいわゆるシャッター通り）」というような課題が考えられます。まず第1に，変化を実際に確認する方法を考える必要があります。さらに変化の原因まで調べれば，仮説の設定，データや証拠の収集，分析，結論まで行うことにも発展し，かなり高度な調査活動になるのです。どこまで求めるのかは，対象生徒の年齢等や時間的余裕により異なってきます。

　また歴史分野では，郷土の人物の記念館へ行ってそこの展示をもとに，その人物の業績等についてまとめる課題が考えられます。例えば私の家の近くの静岡県湖西市にある豊田佐吉記念館へ行けば，明治以降の日本の産業から現在のトヨタ自動車までの産業の発展と代表的な人物がどうかかわっていたか，初歩的なレポートから高度なレベルのレポートまでの課題を設定するパ

フォーマンス評価が可能です。それぞれの地域に地元の人物についての記念館等があるでしょうから，それぞれの特徴に従ってパフォーマンス評価の課題を設定できるでしょう。

　国語の場合で考えてみますと，比較的長い文章を書くことが考えられます。文章は書く目的によって，いろいろ書き方が異なりますので，目的に応じた文章のスタイルを適切に用いることができるか評価することが考えられます。例えば，料理のレシピ，製品の使用説明書，新聞への投書，校内放送の原稿など，多様なスタイルの文書を書かせて，後で述べるポートフォリオを作成すれば，パフォーマンス評価とポートフォリオ評価を行うこととなるのです。わが国の国語教育も，これまでの文章等の解釈や鑑賞に偏っていた状況を変えるべきではないでしょうか。

　こうした各教科の課題例を見れば，パフォーマンス評価の実施には時間を要することがわかります。そのため何回もできるわけではありません。この点を考えれば，評価しようとする能力や技能が発揮される課題や問題を十分に選択して，実施することを必要とします。

　別の問題として，このような課題を設定した場合，評価基準をどうするかという課題に突き当たることとなります。例えば，わが国の国語教育で文章を書くことについてのパフォーマンス評価が不足していたのは（特にこれは高校の問題でしょうか？），どう評価するか，評価基準の問題もあったと考えます。

パフォーマンス評価の評価基準

　実際の評価基準（採点基準）としては，幼稚だったり初歩的であったりするパフォーマンスから，洗練されており高度なパフォーマンスまでのレベルの違いを示す評価基準が必要となります。例えば，社会科の調査活動については次のような評価基準が考えられます。

> レベル１：直接経験したことや資料（このレベルでは写真や絵）をもとに，テーマに関連したことを言ったり，意見を述べたりする。活動の

中で関連する情報を集めたり見つけたりすることができる。情報を簡単なカテゴリーに分けたり，情報を分類する方法を言ったりできる。

レベル３：あるテーマに関する探究活動にあたり，情報源を考えたり，個人的な経験をもとにして，簡単な推測を行ったうえで，調査計画を立てたりすることができる。情報を集めるにあたって，２つ以上の情報源を用いることができ，いろいろな方法を用いて得られた情報を記録する。不適切な情報を排除し，情報を整理して示すことができる。結論の正しさの根拠について述べ，改善すべき部分を指摘できる。

これは評価基準の一部であり，小学校から高校まで８つ程度のレベル区分ができます。もちろんここでの評価基準を単に読んだだけでは，評価基準が具体的に何を意味するかを思い浮かべるのはかなり難しいでしょう。そこでこの各レベルの評価基準に到達したと考えられる生徒の作品やレポートの事例を用いて，評価基準の意味が具体的な事例でわかるようにするのです。このような具体的な事例をレベルごとに集めたものを評価事例集と言います。第２章で述べたように，このような評価基準の示し方がスタンダード準拠評価であり，サドラーが理論化した評価方法です。

ここで注意すべきなのは，評価基準自体は抽象的な文言であり，これに当てはまる具体的な例は色々と考えられることです。つまり解釈の幅が相当あることになります。評価事例は各レベルに該当するあくまで事例であって，同じ事例（つまりテーマや課題例が同じ）でなくてもよいのです。この点でスタンダード準拠評価は，教師が学校や生徒の実態を踏まえて，異なったテーマや課題で実施することができます。

アメリカでは，パフォーマンス評価のための評価基準として「ルーブリック」という言葉が用いられています。パフォーマンス評価に用いる評価基準という点ではスタンダード準拠評価とルーブリックは共通点を持っていますが，ルーブリックはもともと特定のテーマのパフォーマンス評価の評価基準として考えられたものです。先の例で言うと，「豊田佐吉の業績」などという特定のテーマのみに関する評価基準を意味するのです。そのため，そのテ

ーマに関しては具体的な内容を含んでいて，評価基準を適用しやすいことになります。例えば「豊田佐吉の……織機について，その特徴が書いてあること」などというように。しかし，適用できるのはそのテーマに限られ，その他のテーマには適用できません。その点で汎用性には欠けるのです。また，具体的であるだけ，その具体的な内容以外の解答を認めにくいため，生徒の新しい発想や，教師の指導の柔軟性を制約する可能性もあると言われています[2]。

　ただし，最近では「一般的なルーブリック」というように，特定のテーマに限らない，様々な課題に適用できるルーブリックを考える研究者もいます。

信頼性，妥当性，一般化可能性

　パフォーマンス評価の場合，求める能力や技能を実際に用いる課題で評価しますから，妥当性は高くなります。先に述べたように，ペーパーテスト上で実験観察活動を評価するのと，実際に実験観察活動をする中で評価するのでは，後者の妥当性が高いのは明白です。信頼性に関しては，もともと信頼性の概念そのものが，多数の問題を出題するペーパーテストを前提として考えられたものです。パフォーマンス評価では，ペーパーテストのようにたくさんの問題を出題して，解答の一貫性を調べることはできません。そのため，信頼性，特にテスト折半法のような信頼性の検証方法を用いることができません。しかし，採点の信頼性，評価者間信頼性に関しては，パフォーマンス評価でも高いことが望ましいのは言うまでもないことです。これに関しては，論述式のテストの場合と同様に，評価基準と評価事例集の2つを用いて採点者間信頼性を高めることができます。

　特定の課題についてのパフォーマンス評価の結果を，異なる課題の場合でも同じような結果が出ると推定することは困難だと言われています。これはパフォーマンス評価の一般化可能性が低いことを示しています。例えば，熱伝導に関する実験観察活動のパフォーマンス評価の結果によって，植物の成長と日光の関係を調べる実験観察活動の結果を推定できるかは疑問だということです。同じ実験観察活動ですが，熱伝導に関する実験に必要な知識や技能と，植物と日光の関係を調べるのに必要な知識や技能が異なるからです。

特定の文脈（熱伝導）で行われたパフォーマンス評価の結果を他の文脈（植物の成長）でも同様の結果が出ると推定することはできないということであり，これをパフォーマンス評価の文脈依存性と言います。

　なおパフォーマンス評価と似ているものとして「オーセンティック評価」（authentic assessment）[3]を区別する場合もあります。パフォーマンス評価と同様に実際の活動で評価するのは同じです。パフォーマンス評価との違いは，1つは評価のための特別な課題や場面を設定せず，通常の授業の学習活動の中で評価すること，2つめは実際生活で求める能力や技能を用いるような課題や場面で評価することです。2つの違いの両方をパフォーマンス評価との違いとして主張する論者と，前者のみとする論者とがあります。

④ ポートフォリオ評価

　ポートフォリオ評価は，生徒が学習活動で作成した作品等（制作物，レポート，エッセイ等）を，ポートフォリオと言われるファイルに保存する評価方法です。ファイルに保存するのは，生徒の能力や技能を代表する作品等です。保存された作品等を上回ると判断される作品が制作された場合は，新しい作品に入れ替えていく必要があります。こうすることで，保存されている作品を見れば，該当時点での生徒の能力や技能がどの程度にまで達したか，そのプロフィールを把握できるのがこの評価の特徴です。例えば国語では，散文，詩，短歌，論理的な文章など，いろいろな種類の作品を集めることで，生徒の能力の全体を示すこととなります。

　生徒が制作した作品等を何でもポートフォリオに入れて保存するのは，評価ではなく単なる保存にすぎません。評価であるからには選択を必要とします。ポートフォリオに入れることで，その作品等に保存する価値があると認めていることを生徒に示すことになります。作品の価値を認められれば，生徒の学習活動に対する意欲が高まることをねらいとしているのがポートフォリオ評価の特徴です[4]。

　ポートフォリオに，生徒が自分の学習目標を設定した記録や，その実現の程度についての自己評価，各種の免許や資格などの取得記録を付け加えたも

のを「キャリア・パスポート」と言う場合があります。代表的な事例はイギリスの Record of Achievement（達成事項の記録）です。1990年代にイギリスの一部の学校で盛んに用いられましたが，作成するのに労力を要するため，またその利用が限られていたため，2000年代に入るとほとんど使われなくなってしまいました。わが国でもキャリア・パスポートが話題になり，その電子版の Japan e-Portfolio の導入が検討され試行がなされましたが，イギリスと同様に労力の負担と利用が限られている点でうまくいかず，令和2（2020）年に運用を中止するに至りました。

　Japan e-Portfolio は記録を紙ではなく，コンピュータを用いたデータベースで行おうというものでした。記録されたポートフォリオは大学進学の際に選抜の資料として利用する予定でした。このポートフォリオを見れば，生徒の主体的に学習する態度がわかると言われていたため，選抜の資料になると期待されていました。しかし，これを利用する大学が予想と異なり少数で，運営する経費が不足するため停止に至りました。経費はこれを利用する大学が負担する予定だったのです。

　大学としては，高校入学以来のこのような記録を読むことは大変な負担となります。たとえこの利用を推薦入試等の一部の選抜にのみ用いるとしても，かなりの負担となります。そのために参加する大学が少なかったと考えられます。

　入試等に利用するような場合は，Japan e-Portfolio のような記録としてのポートフォリオではなく，ポートフォリオ評価が必要であると考えます。評価というからには，記録の中から生徒の能力や技能，この場合は主体的な学習態度を示すものを選択する必要があります（それが可能かどうかも大きな問題です）。このような選択がなければ，読み手の大学のほうもどこに注目すべきかわからず，多大の時間を浪費するだけですから，とても参加できないことになったのです。高校のほうでも（そして運営主体のほうでも），記録を残すという姿勢で臨んでいたため，選択するという考えはなかったのです。

　入試に用いるならば，これは総括的評価となります。「総括」を意味する英語の summative には，「要約」という意味があります。要約のないポート

フォリオは記録にすぎず，評価ではありません。

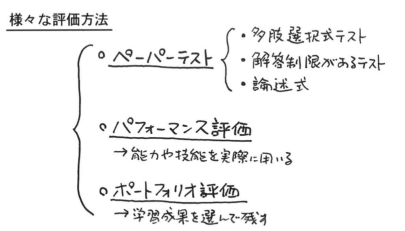

様々な評価方法

- ペーパーテスト
  - 多肢選択式テスト
  - 解答制限があるテスト
  - 論述式

- パフォーマンス評価
  → 能力や技能を実際に用いる

- ポートフォリオ評価
  → 学習成果を選んで残す

注

(1) イギリスで義務教育の終了する16歳で受験する資格試験。

(2) Popham, J. W. (1997). What's Wrong--and What's Right--with Rubrics, Educational Leadership.

(3) 「真正の評価」と訳す場合もありますが，ここではカタカナ書きで紹介します。

(4) エスメ・グロワート（鈴木秀幸訳）(1999). 教師と子供のポートフォリオ評価　論創社

第2部

わが国の学習評価の課題と改善策

第6章 学習評価の変遷と問題点

① 指導要録の変遷

　指導要録を中心とした学習評価の改訂を検討したワーキンググループの委員として，これまで３回の改訂に関わってきました。ここではこの間の指導要録の改訂の概略を最初に説明します。

平成13（2001）年改訂—— 目標準拠評価の導入

　学習評価のここ20年の歩みを振り返ってみると，平成13（2001）年の指導要録の改訂で大きな変革が始まりました。この時の改訂で目標準拠評価が全面的に採用されたためです。そもそもこの目標準拠評価という言い方は，それまで絶対評価と呼ばれていた評価方法の表現を改めたものです（この目標準拠評価という名称と解釈が，後で述べるように大きな問題です）。

　目標準拠評価は，生徒の学習状況を評価基準に照らして，その達成状況を評価するものです。絶対評価という言い方を改めたのは，この言葉が絶対不変の評価基準があるような響きを持っていたためです。評価基準はあくまで人為的に設定されたものですから，研究の成果や価値観の変化により変わることもありうるのです。従来は，各学校で評価基準[(1)]を作成することになっていましたが，このときの改訂を契機に国が「評価規準の参考資料」を作成して示すこととなりました[(2)]。

観点別評価については，平成13年以前も絶対評価（目標準拠評価）でしたが，評定に関しては「絶対評価を加味した相対評価」とされており，曖昧なままでした。しかし，部分的に相対評価を認めていたために，評定に関しては相対評価が実態であったと言ったほうがよいでしょう[(3)]。

平成 22（2010）年改訂——観点の部分的改訂

この年の改訂では，それまでの「知識・理解」「技能・表現」「思考・判断」「関心・意欲・態度」の4つ（国語は5つ）の観点のうち[(4)]，「技能・表現」の観点の「表現」が「思考・判断」に移り，「知識・理解」「技能」「思考・判断・表現」「関心・意欲・態度」となりました。

また，改訂前までは指導要録に記載されている観点の順序は，観点の重要度の順に並べられているとの解釈も広まっていましたが，改訂を契機に観点の順序は重要度を示すものでないと否定されました。

平成13年の改訂を契機に，国が評価規準の参考資料を作るようになりましたが，平成22年の改訂では，評価規準だけでなく，評価事例集も参考資料に付けるようになりました。評価事例として示されたのは，各教科6つの作品程度です。評価事例集に示された作品が少ないとはいえ，これはスタンダード準拠評価の考え方を参考資料が採用し始めたことを示しています。

平成 31（2019）年改訂——3観点へ

この改訂で，観点別評価は従来の4観点（国語は5観点）から，「知識・技能」「思考・判断・表現」「主体的に学習に取り組む態度」の3観点となりました[(5)]。「知識・技能」は，それまでの「知識・理解」と「技能」を統合したものと考えてよいでしょう。「主体的に学習に取り組む態度」は，「関心・意欲・態度」の観点の内容に，新しく「メタ認知能力」や「粘り強く学習に取り組む態度」を加えたものです。

認知的な能力に関する観点が，「知識・技能」と「思考・判断・表現」の2つになったことは，第2章で説明したようにブルームの6つの区分が，現在では知識を一方の極として，総合と評価を他方の極とする2つを区分して評価できるのがせいぜいということに，わが国も倣ったものと見ることがで

きます。

　これ以前のワーキンググループでは指導要録の改訂が主な議題でしたが，この改訂の審議では，形成的評価に議論が集中しました。指導要録のための評価は一種の総括的評価ですから，形成的評価が議論の中心になったのは初めてのことでした。議論の結果，形成的評価の時間を確保するためとして，指導要録の記述部分を簡略化したり（箇条書きでもよい），通知表と指導要録の様式の統一も可能としたりするなどの方針が決められました。

② 学習指導要領の作成原理の変化

　先に指導要録の変遷について述べましたが，平成31年の指導要録改訂の前提として，学習指導要領の作成方法がそれ以前とは変わったことを確認しておかなければなりません。平成29（2017）年の小中学校学習指導要領（高校は平成30年改訂）では，「資質・能力の育成」を中心としたカリキュラムの作成方法が採用されました。これはそれ以前の内容中心のカリキュラム作成方法からの転換と言うことができます。

　内容中心のカリキュラムとは，一定の年齢や学年段階で学習すべき知識や技能を中心に記述するカリキュラムのことです。そのため，学習指導要領の改訂は，どのような学習内容（例えば，連立方程式，熱伝導）をどの学年で指導するかを中心に行われていました。これに対して「資質・能力の育成」を中心としたカリキュラムは，一定の年齢や学年段階で育成すべき能力や資質を中心に記述するカリキュラムです。欧米ではこのようなカリキュラムを「プロセス中心のカリキュラム」と言います[6]。

　OECD の提唱するコンピテンシーも，学習指導要領の作成過程で考慮された要素です。内容中心のカリキュラムから，資質・能力やコンピテンシーの育成を中心に据えることとなり，評価の在り方も内容中心のカリキュラムの時とは違った考え方や評価方法も採用する必要が生じてきたのです。

③ 学習評価（指導要録）の問題点

指導目標＝評価基準ではない

　平成13年の改訂で目標準拠評価が全面的に導入されましたが，これは英語のクライテリオン準拠評価（criterion referenced assessment）を翻訳したものと考えられます。第2章で述べたように，最初の提案者はグレイサーです。ただしこの翻訳が適切であったか，疑問を持たざるを得ません。というのは，この用語が用いられることにより，学習指導要領の目標が，そのまま評価基準になるという解釈を生みだしてしまったからです[7]。そもそも元の用語の criterion に目標の意味はありません。

　例えば令和2（2020）年に国立教育政策研究所が作成した「『指導と評価の一体化』のための学習評価に関する参考資料」（小学校算数, p.33）には，評価規準を作成する際の手順として次のような記述があります。

○「知識・技能」のポイント
・基本的に，当該内容のまとまりで育成を目指す資質・能力に該当する指導事項について，育成したい資質・能力に照らして，「知識及び技能」で示された内容をもとに，その文末を「〜 している」「〜できる」として，評価規準を作成する。
○「思考・判断・表現」のポイント
・基本的に，当該内容のまとまりで育成を目指す資質・能力に該当する指導事項について，育成したい資質・能力に照らして，「思考力，判断力，表現力等」で示された内容をもとに，その文末を「〜している」として，評価規準を作成する。
○「主体的に学習に取り組む態度」のポイント
・当該学年目標の（3）の主体的に学習に取り組む態度の「観点の趣旨」をもとに，指導事項を踏まえて，その文末を「〜している」として，評価規準を作成する。

　ここで引用したのは算数ですが，他の教科でも同様です。要するに，学習

指導要領の指導目標を示す文章の文末「～すること」を，「～している」「～できる」に変えれば評価規準となるとしています。これは明らかに指導目標＝評価規準を述べています。

　しかし，学習指導要領の指導目標と学習評価の評価基準は，目的や機能を異にするものであることを忘れてはなりません。指導目標は何を達成することが望ましいかを述べたものですから，未来志向のものというべきでしょう。一方，学習評価は何が実現できたか，実際に起こったこと，実現できたことを対象とするものです。これは過去志向のものというべきです。学習指導要領では，「～できること」や「～すること」というような表現をして目標を示せば十分です。しかし，学習評価では，その目標がどの程度実現できたかを問題とすることになります。「～すること」を「～している」とする変換方式では，結局のところ「している・していない」の２区分の判断を求めることとなります。言い換えれば，「できる・できない」の２分法的な評価をすることとなってしまいます。このような２分法的な評価は，漢字の学習や２桁の足し算の計算ならよいでしょう。しかし，国語での「論理的な文章」や社会科での「歴史的な思考」などでは，「論理的な文章を書いている・書いていない」と評価できるわけではありません。論理的な文章にもいろいろなレベルがあります。論理に乏しい文章から，極めて論理的な文章まで，色々なレベルが考えられます。

　目標の実現を目指して指導しても，実際には，目標の達成の程度は様々であるという現実を考えなければならないのです。ですから，指導目標をそのまま評価基準としてはならないのです。

Ａの評価基準が示せない

　指導目標に基づく「～している」という評価基準は，観点別評価におけるＢの評価基準を示していると考えられます。ではＡはどうなるのでしょうか。「している・していない」の評価基準では２つの区分しかないため，Ａの評価基準が示せません。と同様に，Ｃも「～していない」という否定形でしか示していないことになります。先の漢字や計算の例ならそれでもよいかもしれませんが，一般的に言って，「している・していない」方式の評価基

準では，思考力や判断力の評価基準として用いることはできません。思考力や判断力の育成がこれだけ強く求められているのに，評価基準がそれに対応していないのです。

　A の評価基準が示せないことで困るのは，評価にとどまりません。例えば，ある生徒が B と判断される学習状況に達したと教師が判断した場合，次の指導目標は当然のことですが A となります。しかしながら A が評価基準として示されていないので，何を目指して指導すればよいか指針がないことになります。この点も A の評価基準がないことからくる問題です。

B の評価基準の発達段階が見えてこない

　指導目標＝評価基準方式のもう 1 つの問題点は，B の評価基準にも現れてきています。例えば平成29年の学習指導要領の小学校社会科では「次のような思考力・判断力・表現力等を身に付けること」という指導事項が各学年で示されていますが，その具体的な内容は次の通りです（下線は筆者による）。

（3 年生）「…生産に携わっている人々の仕事の様子を捉え，地域の人々の生活との関連を考え，表現すること」

（4 年生）「…交通網や主な都市の位置などに着目して，県の様子を捉え，地理的環境の特色を考え，表現すること」
　　　　　「…廃棄物の処理のための事業の様子を捉え，その事業が果たす役割を考え，表現すること」

（5 年生）「…我が国の国土の様子を捉え，その特色を考え，表現すること」
　　　　　「…国土の自然環境の特色やそれらと国民生活との関連を考え，表現すること」
　　　　　「…放送，新聞などの産業の様子を捉え，それらの産業が国民生活に果たす役割を考え，表現すること」

（6 年生）「…日本国憲法が国民生活に果たす役割や，国会，内閣，裁判所と国民との関わりを考え，表現すること」
　　　　　「外国の人々の生活の様子などに着目して…国際交流の果たす役

　　　　　割を考え，表現すること」

　３年生から６年生まで「関連（関わり）を考え，表現すること」，「役割を考え，表現すること」，「特色を考え，表現すること」が繰り返し使われていて，異なるのはこれらの表現の前段の部分だけなのです。

　つまり，例えば「役割を考え，表現すること」の前段が４年生では産業廃棄物の処理事業，５年生では放送や新聞産業，６年生では国際交流となっているだけなのです。「役割を考え，表現すること」は４年生から６年生まで同じです。これでは思考力や判断力，表現力の発達は，「役割を考え，表現する」対象が変わることによって達成されるということになってしまいます。

　さらに，「関連（関わり）を考え，表現すること」，「役割を考え，表現すること」，「特色を考え，表現すること」の３つは，「考え，表現する」という点で３年生から６年生までまったく同じになっています。つまり，「考え，表現する」ことの発達段階は考慮されていないのです。このように，学習指導要領の文末を変えるだけでは，Ｂの評価基準は実質的に３年生から６年生まで同じということになってしまいます。

　今回の学習指導要領では，育成すべき資質・能力中心のカリキュラムの構成方法を部分的にせよ採用したことにより，「次のような思考力・判断力・表現力等を身に付けること」というふうな記述がされてはいますが，その中身を見る限り，思考力や判断力，表現力の記述は極めて単純です。同じ表現の繰り返しとなっていて，異なっているのは学習事項だけなのです。このため，少なくとも学習指導要領を見る限りは，思考力等をどういう段階を踏んで発達させるべきかわからないのです。

　観点の評価について，わが国ではこれまでＡ，Ｂ，Ｃの３段階で評価し，Ａは「十分満足」，Ｂは「おおむね満足」，Ｃは「努力を要する」のような極めて簡単な評価基準が示されてきました。しかしこれだけでは，何をもって「十分満足」かはわかりません。先の社会科の例では，「役割を考え，表現する」の評価基準の「十分満足」とは何か，具体的な姿は見えてこないままです。

「主体的に学習に取り組む態度」の評価は極めて困難

　「関心・意欲・態度」であろうと，その後継者の「主体的に学習に取り組む態度」であろうと，基本的な問題は評価が極めて困難なことです。例えば「主体的に学習に取り組む態度」の一部を構成するとされているメタ認知能力に関して，各学年で ABC の評価をつけられるような評価基準は開発されていないのです。この点は，「関心・意欲・態度」の時も同様でした。

　いまのところ，「関心・意欲・態度」と「主体的に学習に取り組む態度」に関して，世界の研究報告でこれらを信頼性，妥当性を持って評価できるとした例は見当たらないのが現状です。

　わが国では，これらの観点の評価について，学校の教師は信頼性，妥当性を持って評価する方法を考えようと努力しています。特に中学校のように，評価の結果が入試に関わるようなハイ・ステイクスな評価となる場合には，力を入れざるを得ないとも言えるでしょう。少なくとも，保護者や生徒に，評価の理由を説明しなければならない場合も出てくるからです。しかし，世界の研究状況から見れば，成果を期待するのはほぼ無理と言わざるを得ないのです。

　この問題の弊害としては，これらの観点の評価の工夫に労力を用いてしまい，「思考・判断・表現」などの他の観点の評価の工夫に力を注げなくなってきたことがあげられます。「思考・判断・表現」のほうは評価基準の開発例もあり，見通しは明るいと言えますが，けっして好転するとは思われない観点へ注意が向きすぎるのは大きな損失になりかねません。

評定を求める方法は現場任せ

　観点別評価から評定を求める方法は，各学校の裁量に任されています。評定は場合によっては内申書や調査書を通じて，選抜資料として用いられます。このような役割もある評定の算出方法が各学校の裁量に任されていては，評価の統一性が損なわれることにつながります。

④ 大学入試の問題点

　大学入試の在り方は，高校教育に大きな影響を与えています（ウォッシュ
バック効果，p.15参照）。私も高校の教師でしたが，少なくとも進学を目指
した生徒の多い高校では，大学入試が学習指導の内容に決定的な影響を及ぼ
していると考えざるを得ませんでした。その中でもセンター試験の影響は非
常に大きなものでした。始まったばかりの大学入学共通テストも，試験の形
式（多肢選択式とマークシートでの解答）は変わっていないので，引き続き
センター試験と同様の影響をもたらすと推定されます。

　高校は，センター試験で生徒がよい結果を出すように指導せざるを得なく
なってしまいました（今後も同様）。センター試験のようなハイ・ステイク
スなテストに合わせた指導をすることを「テストに向けた学習指導」
（Teaching to the Test）と言います。このようにテストに向けた学習指導
をし過ぎると，テストの点数だけが上昇し，テストが評価しようとしていた
能力や技能は，実際には上がっていないという現象が見られます。これを
「レイク・ウォビゴン効果」（Lake Wobegon effect）と言います[8]。わが国
の高校でもこの現象が生じていると推定されます。

　高校でセンター試験の指導に力を入れざるを得ないのは，次のような事情
によります。センター試験の問題形式は，これまで繰り返し述べてきた通り
多肢選択式です。この形式は，広い学習範囲の学習事項を評価するのには適
しています。もともとセンター試験の前身の共通一次試験は国公立大学だけ
を対象としていたものでしたが，センター試験になると私立大学も参加する
ようになりました。また一部の私立大学では，センター試験の結果のみで定
員の一部を合格させることも始まりました。センター試験は多肢選択式です
が，2次試験では記述式の問題も出題されるので，わざわざセンター試験
（や大学入学共通テスト）で記述式を出題する必要はないという意見があり
ます。しかし受験生から見れば，2次試験で記述式が用いられるのは一部の
教科・科目のみなのです。私立大学では，2次試験でも記述式を用いない大
学が多いのです。

　初めから私立大学のみを受験する予定の生徒や，希望する大学しか受験しないと覚悟を決めている生徒は別として，多くの生徒はセンター試験で何点取れたかを見て出願先を最終的に決めるのです。意中の大学を実際に受験するかはセンター試験の結果次第となります。もし思わしくない結果の場合には出願大学を変更するのが普通です。教師もそのような指導をします。そのため，何はともあれセンター試験でよい点数を取ることが先決となります。結果が悪ければ出願する大学が変わり，2次試験の内容も変わってくるのです。そのため2次試験に向けた指導の優先順位は低くならざるを得ないのです。小論文や面接が2次試験で課される場合に，その指導が本格化するのはセンター試験後となります。小論文や面接は記述式テスト以上に実施する大学や学部が少ないため，すべての生徒にそのための指導をしても無駄になるのです。

　特に小論文の指導は手探りです。私を含めて教師の多くは，どう指導するべきか明確な指針を持っていなかったというべきでしょう。多肢選択式の問題形式が長く続いた結果，高校の教師の多くは書く指導をしなくなったため，どう指導すべきかに関する指針も持てなくなってしまったのです。さらに実際に出題される小論文の内容は，出題する大学教員の専門分野や研究分野に関連すると思われるものが多く，高校の学習内容と関連していない場合もあります。小論文で何が求められるかわからないので，過去の問題を使って指導するより方法はありません。しかし，受験する年に同じような問題が出るとは限らないので（出題者が変われば，問題も変わる），同じような問題が出ればラッキー，出なければ不運としてあきらめるように教師は生徒に言うしかありません。

　そのようなわけで，センター試験の多肢選択式の問題に対応できるように指導することが先決となります。2次試験に記述式が出ることを考えて，こちらを優先して指導はしませんし，できないのが実情です。その結果，多肢選択式で問われる知識の指導にどうしても重点がいってしまい，思考力等の指導に力を入れることができなくなってしまったのです。

注

(1) 1990年代後半，「基準」か「規準」かを巡る論争がありましたが，現在では厳密な使い分けをせずにどちらを使ってもかまわないということで収まっています。本書では「基準」を用いますが，文科省の文書等は「規準」と表記していますので，本書でも文科省の文書等から引用する場合には「規準」を用いることにします。

(2) 改訂の審議をしたワーキンググループで，国が作成すべきであると筆者が主張しました。

(3) 相対評価の問題点として次の点があげられます。①生徒個人が努力し進歩しても，全体の成績が上がると，相対評価では低く評価され努力の成果が見えないため，やる気を失わせてしまう。②順位や偏差値では学習上の問題点がわからないので，形成的評価に用いることができない。③学習上の進歩があっても，相対評価ではその進歩があったことを確認したり，示したりすることができない。

(4) 「知識・理解」「技能・表現」「思考・判断」「関心・意欲・態度」の観点名は，全教科の観点構成の概略を示すもので，各教科の実際の観点名はこの4つを基本としつつも表現が異なっています。例えば，改訂前の理科の観点は「自然事象への関心・意欲・態度」「科学的な思考」「観察・実験の技能・表現」「自然事象についての知識・理解」となっています。音楽はもっと異なり「音楽への関心・意欲・態度」「音楽的な感受や表現の工夫」「表現の技能」「鑑賞の能力」となっています。

(5) （4）で述べたように，この改訂以前は教科によって観点名の違いがありましたが，すべての教科の観点名がこの3つに統一されました。そのため，国語の観点「思考・判断・表現」の中身は，「読むこと」「書くこと」「話すこと・聞くこと」なのですが，観点名と中身が異なってしまったという問題が生じました。

(6) プロセス（process）のことをわが国では過程という意味で解釈することが多いのですが，ここでのプロセスは処理能力という意味で用いています。

(7) 平成13年の改訂で目標準拠評価が導入される以前から，観点の評価はいわゆる絶対評価，つまり目標準拠評価でした。そのころ，観点の評価基準は，目標を分析して作成すればよいという意見も出ていました。

(8) この名前の由来は，ギャリソン・キーラ（Garrison Keillor）の小説「レイク・ウォビゴンの人々」（Lake Wobegon Days）に由来します。小説上の神秘的な町，レイク・ウォビゴンでは，すべての子供が平均以上とされています。このレイク・ウォビゴン効果の問題が指摘されたきっかけは，アメリカのすべての州で実施されたテストで，すべての州が全国平均以上というふつうありえない結果が出たため，その原因を調べる過程でわかったことです。用いられたテストはノルム準拠によるテストです。

第7章

学習評価の改善策

① 目標準拠評価には2種類ある

　第6章で述べた通り，目標準拠評価はグレイサーの提案したクライテリオン準拠評価（criterion referenced assessment）の翻訳語です。criterionに目標の意味はありません。そしてこの翻訳が目標＝評価基準という解釈を生みだす1つの原因となったと考えられます。

　グレイサーは次のように述べ，クライテリオン準拠評価を提案しました。これがわが国で現在言うところの目標準拠評価となっています。

　「私がクライテリオン準拠評価と呼ぶものは，学習の質に関わる絶対的な水準に依拠するものであり，一方で私がノルム準拠評価と呼ぶものは相対的な水準に依拠するものである」[1]

　この「絶対的な水準」に関して，これまで2つの解釈がなされており，そのためクライテリオン準拠評価についても，2つの評価方法（解釈とも考えられる）があると考えられています。1つはドメイン準拠評価で，もう1つがスタンダード準拠評価です。

ドメイン準拠評価

　第1部の第2章で概説した通り，ドメイン準拠評価の提唱者はポファムです。評価対象の領域をドメイン（domain）と言いますが，このドメインは

他のドメインと明確に区分されるものでなければならないとポファムは考えました。例えば，「江戸時代の主な出来事についての知識」などがドメインの例です。このように設定されたドメインの学習状況を評価するため，考えられるすべての問題群から，いくつかのテスト問題を抽出してテストを実施します。この抽出した問題に対する正解数は，考えられうるすべての問題についてテストした場合の結果と同じになると考えるのです。テスト問題自体は，基本的に「正解・誤り」または「できた・できない」といった２つの区分をする問題から構成されます。そして一定の正解数以上ならば，該当のドメインの学習を習得したと判断します。例えば２桁の足し算ができるようになったと判断するわけです。

この一定の正解数（通常は点数で示される）をカット・スコアまたはカッティング・ポイントと言います。そのためドメイン準拠評価は，完全習得学習の中で用いられることが多いのです。ただし，カット・スコアは１つでなくともよく，２つとか３つのカット・スコアを設定すれば，いくつかの習得の段階を区分することとなります。完全習得学習であれ，何段階かに区分する場合であれ，テストの結果は生徒の学習状況について，どの程度習得したかを示すことになると考えます。このような考え方ですから，ドメイン準拠評価とは，明確に定義されたドメインとカット・スコアの組み合わせであると考えられます。

現在多くの教師が行っているペーパーテストによる評価は，ほぼこのドメイン準拠評価と見ることができます。つまり，一定の学習が終わったところで，教師はどの程度生徒が学習事項を習得したか，考えられる問題例からいくつかを選んでテストしているのですから。そのテストでの正解数や，正解数をもとに点数を算出して，一定の正解数や点数を区分の基準として評価しています。カット・スコアはこの区分の基準です。わが国の観点では「知識・技能」の観点がこの評価方式に適合します。なぜならば，この観点は学習指導要領に示された多くの知識や技能を，どの程度まんべんなく習得したかを評価するものだからです。習得すべきとされた知識や技能の，どれだけの割合を実際に習得したかを評価することになります。

令和２（2020）年に国立教育政策研究所が作成した「『指導と評価の一体

化』のための学習評価に関する参考資料」（第 1 編第 2 章）において，学習指導要領の文末の「〜すること」を「〜している」に変えれば評価規準が作成できると説明されているのも，暗黙にドメイン準拠評価の評価方法をとっていると考えられます。「〜している」との判断は，観点の評価で B，「〜していない」の判断は C と見ることができます。

　この 2 つの区分では観点別評価の A の評価基準を示すことはできません。3 つの区分をする場合には，カット・スコアを 2 つ決めることになりますが，ドメイン準拠評価では，点数または正解数によって区分することとなります。観点別評価で，A「十分満足できる」，B「おおむね満足できる」，C「努力を要する」のように 3 つの区分の評価基準を極めて漠然と示しているのは，目標準拠評価に 2 つの解釈があることに関して，わが国で十分に理解が進んでない時点で決めたため，このような言い方になったと考えられます。または，暗黙にカット・スコアのようなものを想定しているとも考えられます。

　ドメイン準拠評価では，後で述べる「思考・判断・表現」の観点と異なり，該当のドメインと別のドメインはお互いに独立しており，直接の関連性はありません。つまり「江戸時代の主な出来事」のテスト結果は良好であったが，「明治時代の主な出来事」のテスト結果はよくなかったなどの評価が行われうるのです。これは 2 つのドメインが独立しているからです。

　なお，このドメイン準拠評価と相対評価には親和性があります。例えば先に挙げた「江戸時代の主な出来事についての知識」として試験範囲を生徒に告げるとき，これがドメインとなります。テストをして点数が出ると，カット・スコアを用いればドメイン準拠評価となりますが，上位から何％は A などとすれば，これは相対評価（正確には集団準拠評価）となります。

スタンダード準拠評価

　目標準拠評価の 2 つめの方法（解釈）はスタンダード準拠評価です。この方式は，ドメイン準拠評価のように明確なドメインを設定できない場合の評価に適しています。現在の観点で言えば，「思考・判断・表現」の観点は明確なドメインを設定できません。「江戸時代の主な出来事」と言えば試験範囲が生徒にとってもある程度わかりますが，「歴史的な思考・判断・表現」

というような場合，どこまでが試験範囲かを明確に言うことは難しいでしょう。また，「歴史的な思考・判断・表現」が60点と言われても，それが何を意味するかよくわかりません。これが「知識・技能」の観点で60点ならば，おおむね学習すべき知識や技能の60％程度を習得したと見ることができます。

つまりこれは，一般的に思考力や判断力は，ドメイン準拠評価では評価できないことを意味します。思考力等の評価は，幼稚なレベルから非常に高度なレベルまでの洗練の程度をレベルとして区分することができるだけです。どの程度のレベルの区分ができるかについては，各国の実例を見る限り，小学校から高校まででせいぜい8〜10段階程度なのです。それ以上細かな区分は非常に難しいと言われています[2]。そのため，思考力等の評価については，かなり長期にわたる発達段階を設定して，どの段階にあるかを評価していくことが必要となります。

各発達段階の特徴を示す方法として用いられるのがスタンダード準拠評価です。スタンダード準拠評価では，各段階を示す評価基準は，その主要な特徴を言語表現で示すと同時に，各段階の評価基準に該当する生徒の実際の作品等を示して，言語表現による評価基準の理解を図ろうとしています。

観点により適切な評価方法を使い分ける必要

2つの評価方法の説明をしたのは，観点により適切な評価方法が違うことを示したいからです。すなわち，「知識・技能」の観点はドメイン準拠評価でよいのですが，「思考・判断・表現」の観点はスタンダード準拠評価を用いる必要があるということです。しかしながら，これまで「思考・判断・表現」の観点にまで，ドメイン準拠評価を暗黙の裡に用いて評価しようとしてきたと考えられます。スタンダード準拠評価では，AやBなどの各段階ごとに，その特徴を示す評価基準が設定されなければならないのですが，A「十分満足できる」，B「おおむね満足できる」，C「努力を要する」の3つの区分の評価基準のように漠然としたものしか示されてきませんでした。

また，ある学年のAやBと，他学年のAやBの関係がわからないことも問題です。具体的に言えば，例えば小学3年生のAと4年生のBとがどう関係するかわからないのです。思考力や判断力は先に述べたように，幼稚な

レベルから高度なレベルまでを何段階かに分けて評価する必要があります。そうすると，各学年の A や B と，他学年の A や B との関係を考えなければなりません。先に述べたようにドメイン準拠評価ならば，そのような関係を考える必要はないのです。わが国で「思考・判断・表現」の観点で，異なった学年での A や B の関係を考えようとしないのは，この観点についてもドメイン準拠評価を暗黙の裡に前提として評価しているためと考えられます。このため結局，A や B の評価が何を示すのかわからない結果となってしまったのです。ドメイン準拠評価で行う「知識・技能」の観点の A，B，C は，カット・スコアの違いと説明できますが，「思考・判断・表現」の観点はそのような説明はできないのです。思考力が60点とは，何を示しているかわからないからです。

　この観点については，長期的な発達段階を踏まえたうえで，各学年の A，B，C を設定すべきなのですが，この観点についてもドメイン準拠評価の考え方で評価しようとしているため，長期的な発達の視点からの評価基準が設定されないままきてしまったのです。

　このためせっかく目標準拠評価を導入したにも関わらず，各学年の A や B が何を意味しているか，B である生徒が何をできるようになれば A なのか，3 年生で A の生徒が，4 年生で B となった場合，学習の進歩があったのかどうなのかがわからないのです。これは同時に，どう指導すべきか目標も立てられないことになってしまっています。

② スタンダード準拠評価による「思考・判断・表現」の評価基準

全体の枠組

　「思考・判断・表現」の観点は平成29年と30年の新学習指導要領の最も重要な部分であると考えますので，実際に各教科でこの評価基準をどう設定するかを考えてみました。実際に設定できるのは小学校から高校まで，8〜10のレベルがせいぜいですので，高校までを含めた 8 つのレベルを前提に考えてみました。ここでは主として小中学校を対象とするレベル 1 からレベル 7 の評価基準の例を示しました。8 段階をどう用いるかについては，以下の図

を前提として考えることとします。

	1	2	3	4	5	6	7	8
小学校 1 ～ 3 年	■	■	■					
小学校 4 ～ 6 年		■	■	■				
中学校			■	■	■	■		
高等学校				■	■	■	■	■

　図の見方は，小学校の 1 ～ 3 年ではレベル 1 ～ 3 を用いることを示しています。各学年で ABC の 3 段階で区分するのではなく，小学校の 1 ～ 3 年をひとまとめとして扱い，レベル 1 ～ 3 で評価するのです。そのため，小学校 1 年生では，大半の児童がレベル 1 程度となります。2 年生になるとレベル 2 の児童が出てきますし，レベル 1 の児童もいます。

評価基準の設定原理
　評価基準の設定について考慮したのは次のことです。
①スタンダード準拠評価での設定方法
　スタンダード準拠評価では，評価基準を設定する場合，積分法，不連続区分法，連続的変化区分法の 3 つの方法を用います（詳しくは拙著『スタンダード準拠評価』図書文化，p.67-69参照）。
　積分法は，最も高度なレベルの内容を決めて，下位のレベルはそこから順次差し引いていくものとします。逆に下位のレベルの特徴に上位のレベルの特徴を付加していく方法とも言えます。
　不連続区分法は，各レベルに特有な特徴を示す方法です。しかし，実際にはこのような各レベルに特有な特徴を規定することは困難です。そこで，あるレベル以上で見られる特徴を示す方法が用いられることが多くなります。
　連続的変化区分法は，一定の特徴をすべてのレベルに規定し，その特徴の程度を示す表現を付けて各レベルを設定する方法です。例えば「非常によく」「かなりの程度に」「部分的に」などです。
　実際の評価基準の設定にあたっては，これらの方法がミックスして用いら

れることとなります。

②学習指導要領に示された指導目標

　評価基準を設定するにあたって考慮すべき 2 つめは, 当然のことですが学習指導要領（平成29年版, 以下, 新学習指導要領とする）に示された各教科の各学年段階（教科によっては複数学年で示している）の指導目標です。評価は指導目標が達成されたかを確認するものであるとすれば, これを評価基準の設定に組み込むことは当然のこととなります。しかし, 指導目標と評価基準は同じではないことをこれまでも述べてきました。指導目標はあくまでこうありたいという未来志向のものなのに対して, 評価は実際に何が起こったかという過去志向のものです。また, 指導目標は一定の達成水準の完全な実現を示すものですが, 評価基準はそれの実現程度を示すものですから, 「実現できた・できなかった」のような 2 分法的な評価はできません。特に「思考・判断・表現」のような能力は, このような 2 分法的な評価はできないものです。

③能力の発達に関する研究成果や諸外国の事例

　認知的な能力の発達に関しては, 一部の教科や学問分野での研究成果（特に科学）があり, これを参考にすべきです。また, 諸外国の設定事例もわが国との共通点を考慮したうえで利用できます。ここでは特にオーストラリアの事例を参考に用いました。

③ 国語の「書くこと」に関する評価基準例[(3)]

　国語の「書くこと」に関する評価基準例を考えてみます。平成31年の指導要録において, 国語の「書くこと」は「思考・判断・表現」の観点で主に評価します。評価基準の作成にあたっては, 前記の設定原理の①から③を考慮して, 次のような考え方で作成しました。

①書く目的や読み手の考慮

　書く目的や読み手を考慮して書くことは, レベル 3 以上の特徴としました。ただしレベル 3 は初歩的なものです。新学習指導要領では, このような指導を小学校 3 年以上としているからです。

　また中学3年で多様な読み手を想定して書くことを求めています。そのため，レベル6にこの視点の評価基準を設定しました。

②考え方の発展

　これは書かれている文章の内容そのものに関する評価の視点です。つまり簡単な内容の表現から，非常に複雑な考え方や論理的な表現までの変化となります。初期には，日常生活の経験を表現することですが，年齢や学年が上がると，一定の主題について考え方が発展させられていったり，説得力を持つ資料を提示したりするようになります。文章の目的によっては，イマジネーションを喚起する表現を用いることなどもあります。

　新学習指導要領では中学校の1年以上で根拠を示して書いたり，2年以上で説明や具体例，3年で資料を適切に引用したりするとなっていますので，レベル5以上にこの点での評価基準を入れることとしました。

③段落の作成

　一定の内容のまとまりごとに段落を作成するのは，「書くこと」の能力の発達を評価する重要な視点です。また，その段落間の関係を適切にとることができるかも評価の視点として設定すべきことになります。段落の設定はレベル3に規定しましたが，生徒のこの能力の発達段階がもう少し上の年齢や学年と考えれば，レベル4にすることもありうるでしょう。わが国の学習指導要領では，小学校3・4年の目標として示されています。

④表現方法の工夫

　段落の構成方法以外の表現方法の工夫です。比喩的な表現，適切な用語の選択，広い範囲の語彙の使用などがこの視点となります。暗喩などを用いるようになれば，これは高度なレベルと考えられます。このような工夫はレベル3からとしました。わが国でも小学校3・4年からの指導目標としています。諸外国でもこの年齢段階の特徴となっています。実際の生徒の状況を踏まえてレベル4とすることもありえます。

⑤表現する題材

　表現の対象とする題材についても，小学校から中学校，高校へと至る中で広がっていきます。わが国の学習指導要領では，中学校1年までは日常生活に関わる題材について書くことを求められています（注：これに関して小学

校では必ずしも明示されていませんが，中学校1年で日常生活に関わる題材としていることから，小学校でも同様と考えます）。中学校の2年から，社会生活となり，扱う題材が広がることを求めています。そこでこの視点でのレベルの区分をレベル5から設定することとしました。レベル5は小学校にはありません。

⑥表現する文章の種類

書く目的に応じた適切な文章形式（論理的な文章からシナリオ，詩など）や文体（日常会話，公式な文章など）などを適切に選択して書くことができることも，書く能力の発達を評価する視点ですが，中学校3年で明示されているだけです。これに関してはレベル4くらいから評価基準として諸外国では設定しているので，ここでもレベル4からこの視点の評価基準を設定することとしました。

⑦推敲

書いた文章を手直しする能力を評価の視点として設定しました。最も初歩的な能力はレベル2から設定しました。学習指導要領でも小学校1・2年で文章を読み直し間違いを直すことが指導目標として示されています。最初は文章の間違い等の修正から始まり，書く目的や読者，表現の効果なども考慮して推敲することになります。学習指導要領では小学校の3・4年の段階で，間違いを修正したり，相手や目的を意識したりした文章になっているかを見直したりすることを指導することになっているので，ここではレベル3にその点を規定しました。

「書くこと」に関する各レベルの評価基準例

これまでに述べた考え方をもとに，実際の各レベルの評価基準例を以下に示します。各レベルには評価基準の意味について簡単な説明を加えましたが，最も重要なのは実際の評価事例です。各レベルに該当する実際の生徒の作品例が評価基準の理解には必要不可欠となります。スタンダード準拠評価は評価基準と評価事例の2つがそろって機能します。

まず評価基準例と簡単な説明，評価事例を以下に示します。

<u>レベル1</u>

> 書くことにより情報を伝えることができることを理解し，単純な文を
> 数個書く。

これは最も初歩的なレベルであり，ほぼ似たような文章を数個書くことが
できます。例えば「テレビを見た。面白かった。」などという程度です。

評価事例は省略。

<u>レベル2</u>

> 日常生活での経験や出来事，感じたことなどを一定の順序をもって記
> 述する。文章は見直して修正することができることを理解し，簡単な間
> 違いを修正する。

このレベルの特徴は，書かれた内容が一定の順序をもって記述されている
点にあります。例えば，出来事の時間的な順番に記述することです。あくま
でこれは，各文の関係であって，段落や一定の内容のまとまりを考えている
わけではありません。簡単な間違いの修正は，このレベルでは語句の間違い
や，書かれた内容の簡単な間違いを修正することになります。例えば「あさ
起きてラジオたいそうをした。公えんで。それからあさご飯を食べた。それ
からテレビを見た。マンガだった」といった具合です。修正するのは，「公
えん」のところを，「ようちえん」というように変えることです。

評価事例
「オリンピックでは金，銀，銅のメダルがある。日本は4つのメダルをと
った。最初は柔道で銀メダル，次は水泳の平泳ぎで金，同じ水泳で銅，そし
て体操で銀メダルをとった。」

レベル 3

> 書く目的や読み手を考慮した書き方をし始める。書く内容の関連性について考慮し始め，まとまりごとに簡単な段落を作る。効果的な表現方法について，簡単な工夫をする。書かれた文章を読み，簡単な手直しをし始める。

目的に応じていくつかの種類の文章を書くことができます。例えば，物語のスタイル，記録，説明書きなどです。文章どうしの関係も，考え方や事象の関連性を考えたり，考えの発展を反映したりしています。様子や感情を表す用語の数や種類が増え，効果的に表現をしようとしています。文章の内容が変わるところで，数個の段落わけをするようになります。主語と述語の関係がおかしい部分や丁寧体で書いてない部分を修正したりするようになります。また使用する言葉を入れ替えたり，文を挿入したりして，より効果的な表現にしようとします。このレベルでは，文章の内容は日常生活上の事柄についての文章です。

評価事例

「むかしむかし，太郎という魚がいました。ある時およいでいると，木の葉っぱが落ちてきました。太郎は木の葉っぱが落ちてきたと，ともだちの魚の次郎君に言いました。次郎君は葉っぱで遊ぼうよと言ったので，2ひきで葉っぱを使って遊びました。

ところが遊んでいるうちに葉っぱがダメになってしまったので，葉っぱを取りに行こうとしました。こうして魚が陸の上に上がってくることになりました。」

評価事例の解説

昔，生物は水中にいたのだが，一部が陸に上がって生活するようになったという話を聞いて，物語を作ることとしました。これは物語の形式をとった文章を書くことができることと，「ところが」を用いて簡単な段落を作っていることが特徴です。その他の文章の種類としては，料理の手順の説明のス

タイルも特長がわかりやすいものです。

評価事例

「オムレツの作り方

用意するもの　たまご，塩，ミルク，油

・フライパンに油をたらす。

・たまごと塩とミルクをまぜる。

・コンロで温めたフライパンに，まぜた卵を入れる。

・固まりかけたら，フライ返しでまとめて，さらに移す。」

レベル4

> 　文章を書く目的，読者，文章を書く状況を明確に意識した書き方をするようになる。それらに合わせた文章の種類を用いている。文章全体の構成を考えて段落を区分したり，関係づけたりする。効果的な表現やわかりやすくなるような工夫をする。文章の一部だけでなく，全体を見まわして修正できるようになる。

　このレベルでは，文章の目的や読者を明確に意識して，レベル3より多くの文章の種類を用いたり，表現の工夫をしたりするようになります。例えば，簡単に書くところと詳しく書くところの区別をしたり，場合によっては引用を用いたりするようになります。意見と事実が区別できるような書き方をします。文章の全体を見渡して適切な構成を考えたり，修正したりするようになります。段落の関係を示す言葉（しかし，加えて，など），見出しなどを用います。書く内容は日常生活に関わることです。

評価事例

「カエルは両生類というグループに属します。またしっぽがないことをしめす無尾類とも言います。

　イボだらけの足の短いカエルもありますが，ほとんどのカエルはつるつるの皮ふと長い足を持っています。カエルには耳がありません。そのかわり薄

い皮ふを持っていて，これがタイコの革のような役目をします。目が非常に
よく，そのため小さな虫を捕まえることができます。周囲に合わせて緑にな
ったり茶色になったりします。カエルの血は冷たく，しっぽはありません。
皮ふは湿っているので，さわると冷たく感じます。

　カエルは卵を産むとき池や川に行きますが，普段は水から離れて生活して
います。カエルは南極大陸を除くすべての大陸にいます。

　カエルは普通，泳いだり飛び跳ねることを得意としていますが，泳がなか
ったり飛び跳ねないカエルもいます。

　オタマジャクシは植物を食べますが，カエルになると舌を使って捕まえた
虫を食べるようになります。

　全ての種類のカエルのメスはたくさんの卵を産み，その中のいくらかだけ
が生き残ります。カエルの種類によって違いますが，100から4000くらいの
卵を産みます。（以下省略）」

評価事例の解説

　この例は，カエルの生態についての映像を見て，内容を文章にまとめたも
のです。生徒は映像を見ながらメモを取り，カエルの特徴を説明する文章に
しました。この文章はカエルの生物的な特徴について，科学的な記述として
順を追って適切にまとめている例です。

　レベル5

> 　特定の目的や読者を対象として，色々な文章の種類を選択して用いる
> ことができる。書く内容は，日常生活から広く社会的生活に関わるテー
> マについても書くようになる。ある程度の長さの文章を書き，多様な表
> 現技法を用いるようになる。書く内容の中心がわかるような文章構成を
> 考え，根拠を示して説得力のある文章を書くようになる。

　書くテーマが社会生活に広がります。このレベルの特徴は，目的に応じた
広い範囲の文章の種類を用いることができることです。例えば，環境問題を
論じるのに，論理的な文章ではなく，詩を用いたり，読者に問いかけるよう

な文章を書いたりできるようになります。表現技法としても比喩，反復，倒置，体言止めなどの技法を目的や文章形式に合わせて用いるようになります。文章の目的によっては，重要な文は行を変えて書いてわかりやすくします。小学生でこのレベルに到達すると考える場合には，小学校高学年では，4段階にするか，A以上という区分を作る必要があります。

評価事例

　次のような例がこれに該当します。内容は周辺の住環境の改善を求める手紙です。

　「…担当者さま

　私は…市の財産である公園の管理に関して危惧しております。公園は芝生や雑草が伸びており，…道路から見ると荒れ放題に見えます。

　私は次の点について担当者様のご注意を喚起させていただきたいと思います。

・ネズミが芝生の中におります。ヘビやトカゲも生息していると思われます。

・ネズミがいることは基本的に健康に有害です（他の動物も同様と思われます）

・公園のそばに住む私や近所の人々は花粉症に苦しんでおります。夏になって乾燥しますと花が咲き，花粉に苦しめられています。

・夏になると草に簡単に火が付き，生け垣に燃え移って燃え上がる危険があります。

　除草剤を使うと草が死んでしまいますので，私は草が定期的に刈り取られて処理されることを要望いたします。もし草が定期的に刈り取られれば，

・花が咲いて花粉を出すほどには伸びなくなります

・ネズミやその他の動物の住みかがなくなります

・夏の火事の危険がなくなります

・景観が良くなります

　これを実行するにはお金がかかることはわかりますが，芝生や雑草が刈り取られないことにより，火事等により損害が生じた場合には，担当者様の不作為に対する非難の方が深刻な問題になるのではないでしょうか。

担当者様のご返事をお待ちいたします。

かしこ 」

レベル６

> 読者として特定の人ではなく，多様な人々を想定した文章を書くように
> なる。書く内容が，難しい問題についても書き始める。多様な人々を
> 考えて，色々な視点や考え方を考慮して書くようになる。論理の展開や,
> 多様な人々を説得できるかを考えて，記述内容や文章の構成を工夫し,
> その効果について改善すべき点を考えるようになる。

　このレベルの特徴は，想定する読者や扱う問題や課題が広がることです。
それに対応した記述，色々な視点を斟酌して書くようになってきます。文章
の推敲でもこの点を考えて修正するようになります。

評価事例
　「はじめに
　このガイドブックは子供向けの本を書こうとするあなたに，どうすればよ
い本を書けるかについて，詳しく解説したものです。あなたが一度でも子供
向けの本を書こうとしたことがあれば，それがとても難しいことを知ってい
るはずです。
　このガイドブックを読めば，あなた自身の子供向けの本を書けるはずです。
もしこのブックレットの各節で，あなたに関係にない節がありましたら，そ
の節は読み飛ばしても結構です。（さらに続くが省略）
　どの年齢を対象とするか
　あなたの本の構成は，どの年齢の子供を対象として書くにかよって違って
きます。本を書く前に，どのような種類の本を書くのか明確にしている必要
があります。もしあなたの本に多くの絵が載っており，言葉はそれに比べて
大変少なければ，あなたは絵本を書こうとしていることになります。絵本は
０歳から５歳程度の子供に適した本になります。（さらに続くが省略）
　タイトルが重要

　本のタイトルは，本を探している読者が，最初に注意を向けることの１つです。特に子供向けの本ではタイトルが重要です。人気のあるいくつかの本は，奇抜なタイトルや創意に富むタイトルがついています。例えば「人気のある…」などはその例です。本のタイトルはどの年齢の読者を対象としているかを考えて選ぶ必要があります。

　幼児を対象とする場合には，簡単で，わかりやすく，面白いものでなければなりません。幼児は短いフレーズを繰り返すのが好きですから，わかりやすく，響きがよければ，幼児の注意を惹くことができます。多くの人々が本の表紙で選んではいけないと言いますが，幼児は本の表紙で選ぶことが多いのが実際です。（さらに続くが省略）

　中心となる人物の性格

　登場人物の性格はどのような本でも重要ですが，とりわけ子供向けの本では重要になります。子供は話の筋よりは，登場人物に注目して読みます。…などの本では，２人のはっきり違った登場人物が出てきますし，…では３人になります。お母さん，おばあさん，木こりの３人です。

　子どもは２人の場合は２人に注目して読みますし，３人の場合は３人に注目して，ほかの人々には注意をあまり向けません。年齢が上がると，もっと多くの異なった性格の人物を登場させることができます。（さらに続くが省略）

　絵と文脈の関係

　ある種の本は，絵が非常に重要となりますが，他の本ではそれほど重要ではありません。たいていの子供向けの本は絵と文から構成されています。子供向けの本ではどちらも重要です。子供には精神的な刺激とともに，映像的な刺激が必要だからです。絵はそれ自体で話を表現することもできますし，文章の理解に役立つものとなります。（さらに続くが省略）」

評価事例の解説

　この例は子供向けの本を書こうとしていた生徒が，子ども向けの本を書くガイドブックがないことに気が付き，子供向けの本を書くためのガイドブックを作成したものです。いろいろな視点から論じられている点がレベル６の

特徴を示しています。また難しいテーマを扱っていることも特徴です。文の始めには目次が書かれています。

レベル 7

> テーマとして複雑な課題や目的を持った文章を，一貫性を持って論じることができる。文体も問題の複雑性や重要性にふさわしい文体や用語法をもって書くことができる。いろいろな人々の意見を想定して，これに対応したり，反駁したりできるだけの資料や材料，論旨を持って書くことができる。

　レベル 7 の特徴は，扱っている題材が高度であり，考えられる反論や意見の相違を考慮して，これに対応できるように書いていることです。メタファーなどの高度な技巧も使うようになります。また論旨も一貫しています。文章の見直しにあたっても論旨の一貫性が保てているかを考えて修正します。

　なお，このレベル 7 は中学校としては非常に高度なものであり，一応中学校としてレベル 7 を考えることにしましたが，実際にそこまで中学生が到達できるかは問題があります。このレベル以上は主として高等学校のレベルとして考えるべきでしょう。

評価事例は省略。

❹ 理科の実験・観察技能の評価基準例[(4)]

　理科の実験・観察技能の発達段階に関しては，新学習指導要領でも，他の教科以上に簡単な記述があるだけで，評価基準の設定によってこれを補完する必要があります。そのため，他の教科では学習指導要領の記述を基本として，8 レベルの評価基準を作成しましたが，理科に関してはこのような方法を取れないので諸外国（イギリス，オーストラリア）やこれに関する研究成果を主として用いて作成しました。このような重要な能力や技能について，十分な評価基準が設定されていないことは，理科教育の発展に大きな障害と

なるため，試案ですが作成してみたものです。

　実験・観察技能は，問題や課題の発見，実験・観察計画の作成，実験・観察の実施，データの収集・記録，分析，結論などの一連の過程を実施する中で評価すべきです。しかしながら，今のところ平成31年の指導要録に関する国の通知での中学校の理科の観点の趣旨では，「知識・技能」の観点で「観察，実験などに関する基本操作や記録などの基本的な技能」を評価するとし，「思考・判断・表現」の観点で「問題を見いだし，見通しをもって観察・実験などを行い，得られた結果を分析して解釈し，表現するなど，科学的に探究している」かを評価するとしています。つまり，実験・観察技能に関して，２つの観点に分解して評価することとなります。しかし，実験・観察技能の大部分は「思考・判断・表現」の観点で評価するものと考えてよいでしょう。

　評価基準は次のような構成要素を組み合わせて作成しました。

①実験・観察計画の作成

　自然現象や科学技術が関わることについて，自分の考えたことを調べる計画を作成することです。科学的に正しい実験や観察をする必要があることを意識することから，仮説の役割やいろいろな条件を統制する必要を理解することに発達していきます。残念ながら，わが国の科学教育では，科学的に正しい実験（変化させるべき変数と，一定にすべき変数を明確に区別して制御すること）についての指導が不十分です。本当は新学習指導要領でも強調されるべきことでした。

②観察・実験の実施

　探究活動の目的に応じたいろいろなデータを集めていくことです。初期の段階では，少数の手順を踏んで得られる簡単な材料を用いるだけの段階から，上位のレベルでは最も適切な方法や材料を用い，正確な測定を行うようになります。

③得られたデータや観察結果の処理・解釈

　得られたデータや観察結果をもとにして，パターンを発見したり結論を導いたりすることです。初期には観察した結果を述べたり発表するだけですが，データの比較をしたり，パターンを見つけたり，その説明をするようになっていきます。最終的に得られたデータを踏まえた結論を導くようになります。

④観察・実験活動の評価

　自分の行った実験・観察活動について，適切であったか振り返り，改善点を考えることです。初期のレベルでは，あらかじめ予想したことが実際に起こったか，どこが難しかったかを振り返ります。上位のレベルになると，改善すべき点を考えたり，実施した計画の限界であったところを考えたり，問題をもう一度設定しなおしたりできることです。

実験・観察活動に関する各レベルの評価基準例

レベル１

> 　教師に質問されたり促されて，観察したり調べてみたりすることについて，あれこれと思いついたことを述べる。簡単な観察や調査をするために，必要なものを用意する。見たり，聞いたり，触ったりすることで観察する。観察や調べた結果を言葉で述べたり，絵で描いて示したりする。楽しかったことを言ったり，うまくいったところ，難しかったところについて述べたりする。

　例えば，教師が「草むらにはどんな生き物がいるかな」と質問すると，「カマキリやコオロギがいる」と答えます。「じゃあ確かめてみよう」と言うと，実際に草むらに行って，見つかった動物の名前を言ったり，見つけた動物の絵をかいたりします。また，ミミズを見つけて気持ち悪かったなどと言います。

レベル２

> 　簡単な道具を与えられたうえで，教師の質問を受けて，変化させたり，置き換えたりすべきことは何かを考える。それによって何を見つけようとしているか認識する。変化させるべきことは，連続的なものではなく，個別的なことである。観察したことや調べたことを分類したり，比較したりする。観察や調べた結果を簡単な表にして示すことができる。表などをもとにして，異なった点や同じであったことを述べることができる。

> 起こったことや観察結果が最初に推測したことと同じかどうか述べる。

　例えば，電気を通すものと通さないものを調べるために，教師から乾電池と豆電球と電線を与えられ，調べる素材をいくつか与えられると，自分でも「これは電気を通すか」と，いくつかの素材について電気を通すかどうか確かめてみます。調べた結果を，アルミ箔○，ラップ×，ハサミ○などと表現します。金属でできたものはみんな電気が通るなどと気づきます。または，電気を通すものと通さないものをグループ分けして，違いを考えようとします。

レベル3

> 　科学的に正しい実験方法について注意を払った探究計画を作成する。可能な場合には，どのようなことが起こるか予想をし始める。一定にすべきことを考えることができる。簡単な道具を用いた測定ができる。記録方法として簡単な方法を用いる。測定したデータを，表や棒グラフを用いて示し，分類したり傾向を調べたりする。調査結果を見て，なぜそのような結果だったか，説明しようとする。調べる中で，難しかった点を述べたり，結果に影響したと思われることを述べたりする。

　このレベルでは，一定にしておくべき条件（変数）に配慮して実験や調査ができます。例えば，日なたと日陰の温度の違いを，温度計を地面に差し込んで測定できます。その際，地面に温度計を差し込む深さを同じにするように気を付けます。また，温度計に日光が当たらないようにします。温度や長さ，重さなどを測る簡単な器具を用いることができます。結果を表で示したり，棒グラフで示したりして，日なたと日陰の温度の違いを述べることができます。

レベル4

> 　教師が設定した活動の中で，変化させるべきものと，一定にすべきもの（変数）を区別できるようになり，科学的に正しい実験や観察ができ

る。変数として、連続的に変化する変数（時間、量、長さなど）を扱う
ことができるようになる。どのような測定器具が適切か自分で選択でき
るようになる。測定の単位も調べる内容に応じた適切な単位を用いる。
正確に測定するように注意し、測定は繰り返し行うようになる。測定結
果は、表や棒グラフ、折れ線グラフなどを用いて示し、データを要約し
てパターンを発見しようとする。発見したパターン等から、一定の結論
を述べることができる。この結論を自分の有する科学的な知識や理解し
たことと関連付けるようになる。改善すべき点について、一般的な指摘
（もっと正確な測定をする）ができるようになる。

　例えば、振り子の長さとおもりの重さ、振り子が一往復する時間の関係を
調べる実験をさせ、関係を調べさせます。教師は最初、かなり長い振り子と、
かなり短い振り子を振って、一往復に要する時間が明らかに違うことを見せ
たうえで、3者の関係を調べる活動をします。振り子の長さと一往復の時間
を調べる場合には、おもりの重さを一定にできます。一往復にかかる時間を
測定する適切な方法を考えることができます。複数回の実験をして、データ
を集め、3者の関係をグラフで表現したりして、パターンを発見できます。

レベル5

　課題や問題を考察して、仮説や問いを考えることができる。課題に適
合する道具を選択し、実験や観察を正確に行うために適切な測定単位を
考える（そのために予備的な実験や調査も行うことができる）。適切な
場合には、科学的な知識に基づいて予想をすることができる。最も適切
なグラフを用いて結果を示し、データと一致する結論を導く。データに
見られるパターンを説明したりできる。実験方法や観察活動を改善する
ためにはどうすればよいか述べることができる。

　レベル5では、器具の選択から測定単位の選択などまで、基本的に生徒が
自分でできることが求められます。例えば、水の量が変わると物質の溶ける
速さが変わるかという課題を確かめる実験計画を考えさせます。使用する器

具，実験に用いる水の量などを自分で計画させます。そのために溶解度など
を参考にすることができます。生徒から実験計画を示させたうえで，適切な
実験計画を選び，データを集めて分析させ，適切なグラフをそれぞれ考え，
結論を出すことができます。

　実験等の改善例として，例えばレベル4の振り子の実験の例で，おもりの
重さの違いによって振り子の周期が変化した場合，おもりの重さを変えたこ
とにより，振り子の長さが変わったのではないかと考えることができれば，
この点ではレベル5となります。

レベル6

> 　課題を分析して，科学的な知識を用いて主な変数を特定し，仮説を作
> ることができる。仮説に基づいて予想を立て，正確な測定をするための
> 工夫をする。いろいろな数値を正確に測定し，適切な単位を用いて得ら
> れたデータをグラフ等に示すことができる。全体のパターンに一致しな
> いデータを特定し，そのようなデータの出た原因を考えることができる。
> データと一致する結論を導き，そのような結論の出た理由を科学的な知
> 識を用いて説明する。

　例えば，電磁石に用いられるコイルの巻き数と電磁石の強さの関係を調べ
る場合に，一定にすべき条件として電流を一定にしなければならないことを，
科学的な知識を用いて考えることができます。この条件を確認するための測
定器具（電流計）や，電流を一定にするための方法を考えることができます。
全体の数値と一致しないデータを見つけて，そのようなデータを適切に処理
することができるかを評価する場合には，斜面の角度とそれを滑り落ちる物
体の速度の関係を調べる実験等が適切です。

レベル7

> 　いくつかの要因が関係する状況において，主要な要因を科学的な知識
> をもとに特定できる。いくつかの仮説を設定して，複数の実験や多段階

> の実験を考えることができる。組織化された観察や測定を正確に行い，必要な場合には実験や観察を繰り返すようになる。データと一致する結論を導き，そのような結論の出た理由を科学的な知識を用いて説明する。同時に，そのデータは結論を導くのに十分であるか，不正確なデータが出た場合には，その原因や改善方法を考えたりすることができる。

例えば，木材の種類により湿気を吸う量が違うか，いろいろな種類の木材で実験してみる計画を立てさせます。吸収量の違いと各木材の性質とで関係がありそうな要因（例えば密度）について仮説を立て，実験計画を立てることができます。

⑤ 算数・数学の評価基準例[5]

算数・数学の「思考力・判断力・表現力」に関して，新学習指導要領では次のような記述が見られます。

（小学校 1 年）
・数のまとまりに着目し，数の大きさの比べ方や数え方を考え，それらを日常生活に生かすこと
・ものの形に着目し，身の回りにあるものの特徴を捉えたり，具体的な操作を通して形の構成について考えたりすること
（小学校 4 年）
・日常の事象における場面に着目し，目的に合った数の処理の仕方を考えるとともに，それを日常生活に生かすこと
（中学校 2 年）
・比例，反比例として捉えられる二つの数量について，表，式，グラフなどを用いて調べ，それらの変化や対応の特徴を見出すこと
・比例，反比例を用いて具体的な事象を捉え考察し表現すること
（高校数学 I）
・集合の考えを用いて論理的に考察し，簡単な命題を証明すること

> ・日常の事象や社会の事象を数学的に捉え，一次不等式を問題解決に活用すること

　これらは小学校から高校までの「思考力・判断力・表現力」に関する新学習指導要領の記述の一部です。すべての学年，学校段階で共通しているのは，算数・数学の日常生活や具体的な事象への応用です。さらに，年齢段階が上がると，算数・数学の枠内での論理的考察についての記述が多くなってきます。この観点に関してわが国の学習指導要領に記述された内容は，さきに引用したごく一部の例でもうかがわれるように，学習すべき知識等（比例と反比例，不等式，集合）のそれぞれの理解を中心に述べられていて，その結果として，各知識等を理解すれば数学的な思考等が進歩すると想定されています。そのため，集合とか，比例・反比例，一次不等式などの言葉を除いてみると，数学の「思考力・判断力・表現力」の進歩がどういうものであるか，十分に述べられているとは言えないのです。理科と同様に，学習指導要領はこの観点について，簡単にしか述べられていません。逆に言えば，この点は評価基準の設定により補完する必要があるとも言えるのです。

　以上のようなことを考慮して，算数・数学（以下，両者をまとめて数学と表記します）の評価基準を考えてみました。その際，次の点を中心に評価基準を考えることとしました。参考にしたのは，西オーストラリア州の評価基準と評価事例集です。

①数学と日常生活の関連，用いる解決戦略

　これは生徒が日常生活で起こる様々な出来事を，数学的な問題として捉え直し解決したり，日常生活での数学の応用に気が付いたりするかを評価するものです。

②数学的な論理の使用と，根拠を持った推測，いろいろな解決方法を用いること

　これは日常生活の場面をはなれて，純粋に数学の世界の枠内で，数学的な推論ができることを評価するものです。もちろんこの能力の十分な発達は，日常生活への数学の応用にも必要なものです。

③結論や解法の妥当性の判断

　得られた結論や答えが，最初の問題の解決となっているか，結論の妥当性
と，用いている解決方法の適否を判断することができるかを評価するもので
す。学習指導要領の「思考力・判断力・表現力」では触れられていませんが
（注：小学校 2 年と 3 年に計算の確かめという記述はある），必要であると考
え評価基準に入れることとしました。

数学の各レベルの評価基準例

レベル1

　日常生活で数字が用いられていることに気が付き，教師の手助けを受
けて簡単な数学的な問いを発したり，初歩的な方法で解答したりできる。
数学的におかしな結果について気が付く。

　自分や身近な人々が数字を用いている例を言うことができます。例えば，
電話番号や体重，順番を示すのに用いられているなど。並んでいる列で自分
が前から何番目か数えることができます。また円や三角形がいろいろなもの
に用いられていることを述べることができます。教師の手助けを受けて，数
えたり，対応させたり，演じてみたり，絵をかいて解答できる質問を考えた
り，解答することができます。6 つあったリンゴを 4 つ食べてしまったらい
くつ残るか，絵をかいて考えることができます。100 円玉の形を言うことが
できます。箱の中のリンゴを数えて，自分は 8 つと数えたのに，他の生徒が
9 つと数えた場合は，おかしいと言うことができます。

レベル2

　身近な人々が数や空間，測定にかかわる考え方を用いていることを指
摘できる。事例を参考にして，数学にかかわる質問を作成できる。数学
的な問題を，問題自体とは別のもので置き換えて考えてみたり，象徴す
るものに変えたり，イメージに置き換えたりして表現できる。数や形，
測定に関して，実際に起こっていないことでも，それが起こったり生じ

たと仮定して考えたり，数値や形が変わった場合にどうなるかを考えることができる。計算等をした結果を確かめる簡単なテストができる。測定や計算を複数回行い，答えが違う場合は，どこに誤りがあるか気が付くようになる。

　家庭でお母さんが料理をするときに重さを測ったり，大工さんが材木の長さを測ったり，スーパーのレジで示された数字のお金を払ったりするなど，数学により日常生活上の必要なことが処理されたり，規制されたりしていることを指摘できます。「７×４」で表現され計算するような問題例を考えることができます。「リンゴが５つ，みかんが10個あります。これを５人で分けるにはどうやって分けたらよいでしょうか」という問題を，色の違うおはじきで置き換えて考えることができます。ここでの数学的なレベルの向上は，具体的な課題から数学的に処理できる側面を抽出して処理することができるという考え方を用いています。

レベル３

　色々な製作物に用いられている数学的な要素を指摘できる。問題を解決するために必要な要素をモデル化したり，図にしたり，表にしたりして問題を解くことができる。解答を推定するために，複数の試みをしてみて，答えを推測する。推定を否定する事例が出たら，その推定は適していないと判断する。答えの正しさを，別の方法を用いて確認する。

　例えば，折り紙が持つ図形の性質，砂時計はなぜ時計として機能するか（同じ長さの時間を示す）などを述べることができます。また，鶏と牛の足に関する数学的な問題にかかわる要素は，鶏が２本足，牛が４本足であることだけで，大きさは関係ないことを理解できます。数学の推測は単なるあてずっぽうではなく，それなりの根拠を持っていることを理解し，自分の推測の根拠を述べることができます。

レベル 4

> 問題の解決方法には，いろいろな方法があり，それらの方法の長所や短所を述べることができる。問題の本質的なところを明確にすることができ，最も重要な要素を明確化したり組織化したりして解決することができる。推定したことを確認したり，誤りであるとしたり，修正することができる。得られた答えが適切であるかを，問題の内容や社会常識，他の知識と照らして妥当であるかを判断できる。

　レベル 3 のポイントは，問題と関係のない要素を区別できることですが，レベル 4 ではどの要素が問題を考えるのに最も適切かを判断できることになります。そのようにして得られた情報をどう構成すれば解決が容易になるか考えることができます。また，6 年生56人でムカデリレーをする場合，適切なムカデの人数やひもの数などを発見し計画を立てることができます。また，400m を 1 分で走る選手が，1 時間でどのくらいの距離を走るかの計算は，単純に400m を60倍してはならないことを理解しています。

レベル 5

> 数学的な考え方が，自分の住んでいる世界を表現したり，説明したりするためにどのように用いられているかを述べることができる。それまで用いてきた数学的な質問を拡張して考えてみたり，組織化された方法で問題に対処したりしようとする。問題の解答を推定するにあたり，自分の数学的な知識を用いて推定が正しいかを考慮したうえで，計算したりいろいろ試みてみて，推定を誤りであるとしたり，一部を訂正する。計算過程や思考経路が正しいかを考え，解答が問題の性質に照らして妥当であり意味があるかを検討する。

　例えば A 3，A 4 などの紙の大きさはどのような考え方で成り立っているかを調べて説明できます。また，ISBN（書籍の流通コード）の仕組みを調べて，説明できます。また，正方形では正しかったが三角形ではどうだろうかと考えてみたり，鋭角三角形ではうまくいったが鈍角三角形ではどうだろ

うかと考えたりします。すべてのケースについて確かめたことになるか，考えられる例を一定の秩序で並べて表にすることにより，すべての可能性を網羅したことを確認します。

レベル6

数学的な考え方を用いて，自分の住んでいる世界を表現したり，説明したりできる。問題を探究しやすいようにしたり，問題を解決する方法として，関連する問題や小さな問題に置き換えてみたりする。一定の状況やデータから共通の数学的な要素を見つけることができ，いろいろな方法や体系的な方法で確かめることができる。解答に用いた数学的な方法が役立ったか振り返ったり，仮定したことは適切であったか，結論は適切であるかを考えたりする。

例えば，多角形の内角の和と辺の数の関係を調べるのに，いくつかの多角形の例を調べて，そこから一般的な関係を見つけようとするなど，いくつかの事例から一般化しようとします。

レベル7

数学的な問題を探究するために，問題が明確になるように質問したり，探究しやすいような形に置き換えたりすることができる。問題を取り巻くいろいろな条件に共通に当てはまる一般化した解法を考えることができる。なぜそのような一般化が正しいか説明できる。解法に用いることのできるいろいろな方法を比較して，どの方法がよいかを考えることができる。

（解説省略）

レベル8

問題を解決する方法として，いろいろな方法を用いることができる。

その中には問題の条件や制約を考え直したりすることを含む。一見すると全く違っていると見られる事例の中に，同じような点を発見したりできる。例えば指数関数と複利計算のように。数学的な探究方法として，演繹的な方法と帰納的な方法を区別できる。数学的な解法は，一定の仮定に基づいており，モデルに用いた仮定そのものが，問題の状況に適合しているか考えることができる。

（解説省略）

⑥ 芸術教科の評価基準例[(6)]

　ここでは，美術と音楽での「鑑賞」について考えてみます。両方の教科とも新学習指導要領では小学校で2学年を合わせて（1年と2年，3年と4年，5年と6年）学習すべき事項が記述されており，中学校では1年と，2年と3年を合わせて記述されています。

　例えば，美術（小学校では図画工作）の小学校1，2年では，「身の回りの作品を鑑賞する活動を通して，自分たちの作品や身近な材料などの造形的な面白さや楽しさ，表したいこと，表し方などについて，感じ取ったり考えたりし，自分の見方や感じ方を広げること」とされています。

　これが3，4年になると，「身近にある作品などを鑑賞する活動を通して，自分たちの作品や身近な美術作品，製作の過程などの造形的な良さや面白さ，表したいこと，いろいろな表し方などについて，感じ取ったり考えたりし，自分の見方や感じ方を広げること」となります。ここで下線を付けた部分は，多少の違いはあるとはいえ，ほとんど同じです。特に「感じ取ったり考えたりし，自分の見方や感じ方を広げること」の部分は同じであり，1・2年と3・4年での違いを示す必要があるのではないでしょうか。

　そこで「感じ取ったり考えたりして，自分の見方や感じ方」がどう変わるかを中心に評価基準を考えてみます。これは美術の例ですが，音楽でも同様の必要があると考えます。

　ここで美術と音楽に関する「鑑賞」の観点を取りあげたのは，鑑賞に関わ

る指導や評価が行われてきたはずですが，実態は表現に比べて指導が不十分
であり，評価も同様であると考えるからです。例えば，高等学校の音楽の授
業を見る限り，楽器の演奏や歌唱の指導は行われているのですが，作品の鑑
賞の指導はほとんど行われていないのが現状です。美術も，表現の指導が中
心であるといってよいでしょう。そのため，音楽を選択した生徒でも，音楽
作品についての印象や美術作品についての印象を，基本的な用語を駆使して
述べた例をほとんど見ないのです。美術に関しても同様です。学習指導要領
でも，鑑賞に関わる記述は他に比べて簡単です。そのためここで示す評価基
準は，現在の学校での指導の状況からすれば，かなり難しいと受け取られる
と推定します。

　ここでは評価基準と，その説明や簡単な事例を示すこととします。鑑賞は
観点としては「思考・判断・表現」に含まれます。

芸術教科での鑑賞に関する各レベルの評価基準例

レベル１

> 　自分の作品や他の生徒の作品（音楽では音楽作品）について，簡単な
> 個人的な感想を述べ，いろいろな感想があることを理解する。

　例えば美術では，「色紙を切って，それを紙に貼って作った。楽しかった」
とか，音楽でも，曲のリズムに合わせて手をたたいたりして「楽しかった」
などの感想を述べます。他の生徒の感想も聞いて，自分と違ったりすること
にも気が付きます。

レベル２

> 　自分の作品や，他の生徒の作品（音楽では音楽作品）についての感想
> を，なぜそのような感想を持ったか，その理由や，作品のどこがそのよ
> うな感想を持つところなのかを指摘することができる。また作品の特徴
> についても述べるようになる。

　美術では「僕は…の絵が好きだ。空の色がきれいにかけている」とか「う

ちの猫をかいた。かわいくかけたから，よかったと思う」などです。音楽では「ドラムの音がよかった」などの感想を述べます。また「子守歌はやさしくうたわれている」と特徴を述べたりすることができます。

レベル 3

> 自分の作品や他の生徒の作品（音楽は作品）についての感想や特徴を述べるにあたって，該当分野で用いられる用語に近い表現を使って述べるようになる。また，完成した作品だけでなく，製作プロセスにも言及した感想を述べるようになる。

美術では「この絵は，色の組み合わせがとてもよい」のように，配色の効果（美術作品を評価する用語）に注目した感想を述べるようになったり，「何回も絵の具を塗り重ねて描いていた」というような制作過程に関する感想を述べたりするようになります。音楽では「ゆっくり演奏するところと，速い演奏になるところが組み合わされていてよかった」などという感想を述べることができます。

レベル 4

> 美術作品（音楽では曲や歌，演奏）を鑑賞して，その作品の主な特徴や作品に見られるパターンを述べたり，全体的な特徴を述べたりするようになる。鑑賞内容を述べるにあたって，該当分野で用いられる用語を用いて客観的な表現で鑑賞した結果を示すようになる。
> また美術や音楽が社会の中で使われていることを認識する。

美術では，「この作品は，奥行きをうまく表現している」とか「全体の配色のバランスがうまくできている」などといった感想を述べることができます。音楽では，曲を聴いて行進曲の特徴があることを述べたり，繰り返しが用いられていること，主題となるフレーズが繰り返し用いられていること，曲の調子が途中で変わって，違う曲想に変わったことを指摘したりできます。

このレベルでは，新学習指導要領の 5・6 年の図画工作の鑑賞に「生活の

中の造形などの造形的なよさや美しさ」についての鑑賞も求められていることから，社会の中での美術や音楽の役割の認識を評価基準に入れました。例えば，駅前や公園にある作品が，その場の雰囲気を和やかにしているなどの役割を感じることができます。

レベル 5

　作品の特徴や用いられている技法について述べることができ，特徴と技法の関係を述べることができる。また，同じ作品に対しても，いろいろな評価する視点があったり，異なった意見もあったりすることを理解する。
　わが国以外の文化の作品の特徴についての理解をするようになる。

　このレベルから，作品の全体的な特徴と用いられる技能の関係を考えることができるようになります。例えば，印象派の絵とそれ以前の絵を比べて，描かれた絵の題材の違いや（宗教画と自然の風景），絵の具や絵筆の用い方の違いなどを述べることができます。また。同じ作品でもその時代や人により評価が異なることがわかります。例えば，ゴッホの作品は生前ほとんどだれも評価しなかったことなど。

　音楽では，曲の全体的な特徴を形成することについて，どのような音楽的な技法等が役立っているか，いくつか指摘できるようになります。例えば，一定の主題となった旋律が，繰り返し現れることなど。

　わが国以外の文化の作品に関して，例えばオーストラリアのアボリジニーの作品を，西欧的な作品と比較することができます。また，西欧のカーニバルでの服装のデザインはどのような効果をあげているか考えることができます。

レベル 6

　該当分野の用語を用いて，作品の特徴を述べたり，分析したり，意見を述べることができ，作品どうしの関係（比較や時代による変化）につ

> いても用語を用いて述べることができる。特定の作品が，該当の社会や文化の中で占める位置や意義についても述べることができる。

　このレベルから，高等学校の学習指導要領を考慮した基準となります。高校の美術や音楽の鑑賞では，高度の鑑賞能力を求められるはずですが，現状の指導状況を見る限り，小中学校のレベルを超えていないと思われます。課題が最もあるレベルと考えられます。

　評価基準は次のようなことを意味しています。作品が作り出すイメージや，雰囲気，用いられている表現形式などについて述べることができます。これらの点について他の作品等との違いについても述べることができます。例えば，同じ印象派でもセザンヌの作品と，モネ，スーラなどの作品の違いについて，いくつかの視点から述べることができます。ピカソの作品はどのような点でそれまでの作品群と異なるのか，適切な用語を用いて述べることができます。音楽では同じ曲を別の演奏者が演じた場合の違いを，一定の音楽的な基準（テンポ，強弱など）で比較して述べることができます。ドビュッシーの音楽を聴いて，以前の作曲家に比べて，どのような特徴を持つか，音楽の発展の中で述べることができます。

レベル7

> 作品や演奏について，その特徴を詳しく分析したり，解釈したりすることができる。作品とその作品が用いている形式の関係について，色々な解釈の視点から述べることができる。特に作品の構造が重要であることに気が付き，そのような構造によってもたらされる作品の意味を考えることができる。作品等も時代が変わるとどう変化するかを述べ，そのような変化をもたらす要因についても述べることができる。

　作品を見て，それがどのようなスタイルを用いているか（例えばキュビズム）を述べ，そのようなスタイルを用いた理由を考えることができます。音楽では，シェーンベルクの無調性の音楽という構造的な特徴を見分け，そのような無調性のもたらす印象について，いろいろな視点から論じることがで

きます。またこのような無調性音楽が出現した時代背景や音楽的な試みについても述べることができます。

⑦ 主体的に学習に取り組む態度

　この観点の評価は，以前の観点「関心・意欲・態度」と同様に非常に難しいものです。メタ認知や粘り強く学習に取り組む態度が加わった分だけ，いっそう難しくなったとさえ言えるのではないでしょうか。信頼性，妥当性のある評価は難しく，世界の研究状況から見て，評価基準の開発に期待するのは難しいと考えます。したがって，この観点の評価をハイ・ステイクスな評価として用いることは避けるべきと考えます。つまり，少なくとも選抜の資料として用いられることの多い評定を導くのには使わないことが，とりあえずできることではないでしょうか。

　平成31年の指導要録の改訂にいたるワーキンググループの報告では，この観点が他の２つの観点と連動することを示しています。つまり，他の観点がAAならば，この観点だけCということはないこと，逆に他の２つの観点がCCならば，この観点だけAということはないことを述べています。このような連動性は，実質的にこの観点の評価に掛かる負担を少なくする効果を持つと考えます。

⑧ 評定の問題

　平成13年の指導要録の改訂で，評定が目標準拠評価となりましたが，その内実が問題です。目標準拠評価であれば，評定自体に何らかの評価基準か，観点から評定にいたる手続きの統一化が必要でしょう。しかしながら，観点から評定をどう導くかは，新学習指導要領に対応した指導要録でも，各学校の裁量に任せたままです。そのため，観点から評定にいたる方法は学校により異なることが考えられます。観点から評定をどう求めたのか各学校の説明を聞かない限り，評定が何を意味するのかわからないままなのです。これは目標準拠評価となった意義を損なうものす。少なくとも観点から評定をど

う導くかに関しては，各学校が統一したやり方で行うべきでしょう。いくつかの県や市では，観点から評定を求める場合の指針を示しています。国が決めていない場合には，国や県で指針を示して，統一を図ることが必要です。評定が中学校や高校では，内申書や調査書を通じて，入試の資料として使われるからです。

　各学校が思い思いのやり方で評価する問題は，観点別評価にも言えることです。各学校が思い思いの評価基準を用いている状況では，AやBの評価についてそれが何を意味するのか，各学校は説明する必要があります。とはいっても，各学校が評価基準を自ら作ることは実際には困難です。国レベルで評価基準の参考事例を充実して，各学校が使える程度のものを準備すべきでしょう。

　また，評価基準や評価事例集が整ったとしても，第1部第4章で述べたようにモデレーションを必要とします。

⑨ 大学入試

　これに関して，私が平成22年の指導要録の改訂を審議したワーキンググループの専門委員として議論に加わったことも関連しているので，この点からまず説明します。指導要録改訂の議論の中で，小学校・中学校では思考力や判断力の育成に向けた改革が行われているにもかかわらず，高校での指導の在り方や評価が知識の指導に偏っており，高校での改革が一向に進んでいないと厳しい批判をいただきました。この状態を改善するには，高校の指導要録にも観点別評価を導入すべきだという意見が多数の委員から述べられました。

　私も高校の教員として，このような批判を受けざるを得ない状況であることは痛切に感じており，残念な状態であると考えていました。そうはいっても，高校教育は大学入試の在り方に大きく影響されており，特に多肢選択式のセンター試験の影響（知識事項に偏した出題）を強く受けていること，高校教育の改革を進めるためには，大学入試を変える必要があることを主張しました。特にセンター試験に記述式を導入することを求めました。それなし

には，指導要録に観点別評価を導入しても何も変わらないと主張しました。結局この時は，指導要録への観点別評価の導入は見送られました[7]。

　大学入試以外にも，高校教育には，もう 1 つ重要な問題があります。相当数の高校生が学習に対する意欲を低下させており，高校教育で身に付けるべき能力や技能を獲得しないまま卒業している現状なのです。かつてのような落第という方法はもはや機能しない現実があります。思考力や判断力の問題に加えて，このような意欲の低下，能力や技能を十分に獲得しないで終わってしまう問題にも対処しなければならないのです。

　この問題は，大学入試とも関連します。つまり，一部の大学の入試，特に推薦入試や AO 入試は実態として学力フリー（大学教育を受けるために必要と思われる能力や技能のレベルに到達していない）というべき状況にあることは，高校関係者にとっては周知のことです。そのため，大学進学を学習意欲の喚起に使えない状況も一部には生じつつあります。

　このように，問題点は以下の 3 点です。
①思考力や判断力の育成に大学入試が足かせになっていること
②高校教育で身に付けるべき能力や技能を獲得しない高校生が相当数いること
③大学入試が一部の高校生には，学力保障，学習意欲の喚起の手段として機能しなくなっていること

　これらの点を考えて，私自身としては次のような改革案を文部科学省に提案しました。基本は 2 つのテストです。ベーシックレベルとアドバンストレベルのテストです。もちろん名前は仮の名称です。

ベーシックレベル
①目的
　このテストは，前記の問題の②と③に主として対処するものです。つまり，高校生に学習意欲を持たせること，その結果として能力や技能の向上（高校教育で育成したいと考えているレベルまで）を目指すものです。また，学力フリーとなっている一部の大学の推薦入試や AO 入試に際して，大学教育を受ける最低限の能力や技能の確認を求めるものです。さらに，高校生が自

らの能力や技能（学力）を対外的に提示できるようにすること，具体的には就職に際しての利用が考えられます。

②テストの内容

　高校 2 年，3 年で複数回受験を可能とし，当初は，国語，数学，英語で実施。新学習指導要領を踏まえて試験教科については変わる可能性もあるとします。また，試験教科を実施状況を見て増やしていきます。知識・技能を中心としますが，思考力や判断力，表現力等を問う問題も一部出題します。正誤式や多肢選択式を中心としつつ，多様な解答方式（記述式を含む）の導入を目指します。

③結果の示し方

　このテストはあくまで高等学校で目標とする能力や技能を示し，それを目標に生徒が努力することを目的とすることです。つまり，高校で達成すべきレベルを示すことがまず基本目的ですが，その中で一部の生徒については高いレベルに到達したという評価もすることとします。多くとも 5 段階程度（レベル 1 〜 5）として，レベル 2 ないし 3 を高校で多くの生徒に到達してほしいレベル，レベル 5 は高等教育を受けるのに望ましい最低レベルとする（特に推薦や AO での選抜）。つまり，テストの結果（ここではレベル）に意味を持たせます。レベルを区分する点数の決定は，イギリスの GCSE 試験や A レベル試験で用いられているパネル方式（試験専門家の集まる会議による合意）とします。

　英語の 4 技能のうちスピーキングについては，イギリスの GCSE 試験のように，課題と評価基準を各学校に提供し，各学校の教師が行うこととします。その方が教師の評価力の向上も図れますし，ひいては指導にも生かせるのではないかと考えました。

アドバンストレベル

①目的

　このテストでは，大学教育を受けるために必要な能力を把握することを主たる目的とします。特に前記①の思考力や判断力，表現力も評価しようとすることを目的とします。

②内容と結果の示し方

多肢選択式や記述式の問題を用いて，思考力や判断力，表現力も重視して評価します。高度なレベルの問題も出題します。対象教科は最初のうちは国語，数学，英語とし，実施状況を見て他の教科にも広げていきます。記述式の解答は，初めのうちは短文程度とし，採点組織と採点の技術の向上を見て，字数を増やしていきます。

記述式の採点は時間がかかるため，多肢選択式のテストとは切り離して実施します。高校３年の２学期中に，各高校で実施することとします。記述式の結果は点数ではなく，５段階程度の段階で示し，受験者に通知します。多肢選択式，記述式とも高校２年生の時点から受験可能とします。

英語のスピーキングに関しては，学校の教師が評価します。そのために用いる問題や課題と，そのための評価基準は試験実施機関が提供します。解答内容は録音し，試験実施機関が一部の解答をチェックして，評価基準が適切に用いられているかをチェックします。この英語の評価結果については，他のペーパーテストとは別に表示します。英語のスピーキングについては，段階表示とします。

ポートフォリオ評価の利用

現在の教育評価の考え方では，生徒の能力はペーパーテストだけでなく色々な評価方法を用いることが望ましいと考えられています。１つの方法は高校から提供される調査書です。しかし，調査書に関しては小中学校以上に評価の統一性に乏しく，これをそのまま選抜資料として用いれば，大変な不公平を入学者選抜に持ち込むこととなります。もちろん高校での評価の統一性が確保されれば話は別ですが。

１つの方法は各学校で作成したレポートや作品例をポートフォリオの形で提出させることが考えられます。特に総合的な学習の時間や新学習指導要領での総合的な探究の時間，理数探究基礎，理数探究のような学習の成果については，生徒の学習の成果を示す作品等を２～３点ポートフォリオの形にして選抜の資料として用いることが望ましいと考えます。よい作品を選択しますので，これはポートフォリオ評価となります。Japan e-Portfolio がうまく

いかなかったのは，代表的な作品を選択するという考え方がなかったことも原因と考えます。

　また，ポートフォリオの利用は，高校入試でも必要と考えます。つまり，現在の高校入試では，中学校での総合的な学習の時間の成果について，調査書（内申書）の記述によって判断することしかできません。実際には，どの調査書の記述も似たようなもので，これによってその生徒の特徴がわかるものとはなっていません。私自身，高校の教員として，内申書や調査書の総合的学習の時間の記述を読んでいましたが，どれも似たような内容で困りました。その点でポートフォリオに組み込まれた作品を見れば，その生徒の特徴がよくわかると考えます。

　なお，センター試験に代わる大学入学共通テストでの，記述式の導入は令和3（2021）年7月に正式に断念されました。いっぽうで，平成31年の指導要録の改訂で，高校の指導要録に観点別評価を記入することになりました。これについて審議したワーキンググループで，委員であった私は観点別評価の記入にこの時は賛成しました。その時点では，大学入学共通テストに，一部ではありますが記述式が導入されることとなっていたからです。その後，記述式の導入が断念されてしまったので，何かはしごを外されたような気分です。

　今後とも多肢選択式のテストが大学入試に大きな比重を占める状況が続くこととなります。ウォッシュバック効果により，これからも高校での学習指導はこれに向けたものとならざるを得ないでしょう。思考力等の育成に向けた指導が行われる可能性は低いと言わざるを得ません。共通一次試験の導入以来40年間このようなテストが力をふるい，さらにこの状況が続くことにより，わが国の人材育成を阻害し続けることを憂慮します。

　いっぽうで，ベーシックレベルのテストは「高校生のための学びの基礎診断」となりました。前に述べた通り，その目的を基礎学力の認定，一種の公的な資格試験を考えていました。生徒の学習が一定のレベルに達したことを認めることにより，たとえ底辺校の生徒であっても，努力してこのテストで一定のレベルを認定されれば，進学校の生徒と共通の枠組みにより学習成果

を認められることになり，彼らに学習に対するモチベーションを持たせることができると考えたのです。また，一部の大学では，推薦入試が学力フリーになっている現状を是正する効果も考えていました。つまり推薦であっても一定の学力レベルを求めるようにして，推薦入試での学力の底割れを防ぐ効果を考え，期待していました。しかし，テストの名前からわかるように，その目的は私の提案したものとは大きく異なるものとなりました。

資格試験のようなものを期待していたもう 1 つの理由は，診断的評価や形成的評価のために民間事業者の実施するテストは，すでにたくさん存在するからです。その多くが「基礎診断テスト」という趣旨の名前を冠されています。そのテストの結果は，受験した生徒のどこを改善すべきか詳しいデータを提供しているのです。また模擬試験といわれるテストも，あくまで受験生に大学の合格可能性を示すものであるとはいえ，改善すべき学習分野を示す機能も持っています。つまり，診断的評価や形成的評価を目的とするのであれば，既に存在する民間事業者のテストを用いれば十分で，国が屋上屋を重ねる必要はないのです。

そのため，「高校生のための学びの基礎診断」を診断的評価や形成的評価のために実施するというのであれば，その実施意義に疑問を持たざるを得ません。PDCA サイクルに用いることも，すでに各学校で民間事業者のデータをもとに行っています。ただし提供されたデータを PDCA サイクルに十分に生かし切れているとは言えないことは認めざるを得ないのですが。

⑩ 評価の改善は急務

ここまで論じてきたことをまとめれば，現代の学習評価は，20世紀初めに知能テストで開発された方法が，知能以外の評価に用いられることから始まりました。1970年代以降は，新しい評価方法が開発され，高次の技能も，わが国流に言えば，思考力や判断力の評価に適した評価方法も登場しました。評価の理論もテスト理論だけでなく，これとは根本的に異なった理論に依拠するスタンダード準拠評価が登場してきています。

しかしながら，わが国の学習評価は，この新しい評価方法や理論の成果を

十分生かしていると言えません。端的に言えば，思考力等の育成やコンピテンシーの育成を教育の目標としているにもかかわらず，評価がそれに対応していないということです。その最たる例は，多肢選択式に偏した大学入試です。

　このような状況がさらに続けば，わが国は遅れた評価システムのために，優れた人材の育成に困難を抱え続けることになるでしょう。一刻も早く評価システムの改善に着手すべきです。

注

(1) Glaser, R. (1963). Instructional technology and the measurement of learning outcomes：Some questions, American Psychologist, 18.

(2) 思考力等の評価を日常的に行っているイギリスの OCR（Oxford Cambridge and RSA）という試験実施機関の専門家の見解です。実務として評価を行っている専門家です。

(3) Education Department of Western Australia (1998). Outcome and Standard Framework：English Work Samples, Perth.

(4) Education Department of Western Australia (1998). Outcome and Standard Framework：Science Work Samples, Perth.

(5) Education Department of Western Australia (1998). Outcome and Standard Framework：Mathematics Work Samples, Perth.

(6) Education Department of Western Australia (1998). Outcome and Standard Framework：Art Work Samples, Perth.

(7) 高校の指導要録に観点別評価を記入することに関して，センター試験への記述式の導入に加えて，観点の統合も必要と述べました。認知的領域に関しては，2つの観点に統合すべきと意見を述べました。

索引

鈴木　秀幸 すずき・ひでゆき　一般社団法人 教育評価総合研究所代表理事

　早稲田大学政治経済学部卒業，もと静岡県立袋井高等学校教諭。専門は社会科教育，教育評価。2000年教育課程審議会「指導要録検討のためのワーキンググループ」専門調査員，2006〜2008年国立教育政策研究所客員研究員，2009年中央教育審議会「児童生徒の学習評価のあり方に関するワーキンググループ」専門委員，2018年中央教育審議会「児童生徒の学習評価に関するワーキンググループ」委員。著書は『教師と子供のポートフォリオ評価』『新しい評価を求めて』（論創社，ともに翻訳），『スタンダード準拠評価』（図書文化）ほか。

これだけはおさえたい学習評価入門
「深い学び」をどう評価するか

2021年12月1日　初版第1刷発行［検印省略］

著　　　者	鈴木秀幸ⓒ
発 行 人	福富　泉
発 行 所	株式会社 図書文化社
	〒112-0012　東京都文京区大塚1-4-15
	TEL 03-3943-2511　FAX 03-3943-2519
	http://www.toshobunka.co.jp/
装　　　丁	中濱健治
印刷・製本	株式会社 Sun Fuerza

ⓒ SUZUKI Hideyuki 2021 Printed in Japan
ISBN 978-4-8100-1760-1　C3037